家庭舞蹈 3

家的万花筒

李维榕

著

华东师范大学出版社
·上海·

图书在版编目(CIP)数据

家庭舞蹈.3,家的万花筒/李维榕著.—上海:华东师
范大学出版社,2018
(李维榕作品集)
ISBN 978-7-5675-7555-4

Ⅰ.①家… Ⅱ.①李… Ⅲ.①家庭问题—通俗读物
Ⅳ.①C913.11-49

中国版本图书馆 CIP 数据核字(2018)第 055272 号

家庭舞蹈 3
——家的万花筒

著　　者　李维榕
策划组稿　张俊玲
项目编辑　王国红
审读编辑　陈锦文
责任校对　党一菁
装帧设计　卢晓红

出版发行　华东师范大学出版社
社　　址　上海市中山北路 3663 号　邮编 200062
网　　址　www.ecnupress.com.cn
电　　话　021-60821666　行政传真 021-62572105
客服电话　021-62865537　门市(邮购)电话 021-62869887
地　　址　上海市中山北路 3663 号华东师范大学校内先锋路口
网　　店　http://hdsdcbs.tmall.com

印 刷 者　浙江临安曙光印务有限公司
开　　本　890 毫米×1240 毫米　1/32
印　　张　4.75
字　　数　103 千字
版　　次　2019 年 2 月第 1 版
印　　次　2024 年 6 月第 4 次
书　　号　ISBN 978-7-5675-7555-4/B·1116
定　　价　31.00 元

出版人　王　焰

总　序

本来并没有打算写书，不知不觉却写了二十年的文章，加起来重重一大叠，不单代表我的工作，也反映了我的人生。

忙着与别人的家庭共舞，原来别人的悲欢离合，也是我的悲欢离合；我与别人，原来难分彼此，同属一个七情六欲生老病死的系统，都在迷茫中找寻自己的归属感。

这二十年来，我也从初期游戏人间的心态，变得心情沉重；又从悲天悯人，回复满怀喜悦。

没有解决不了的问题，只有烦恼人，不断自寻烦恼。

我却是学得越来越任性，高兴时笑，悲伤时哭，生气时骂人。活得痛快，才有闲情细嚼人际关系的丰富，不会错过身边人。

借道浮生，恕我无心细听你的满腔惆怅，只想邀你一同赏玩路上好风光！

初 版 序

梁天伟

　　人一生就是一个规律。由诞生至成长，从学习与人相处，接受教育，吸收知识，觅得求生之道，以至结婚生子，养儿育女，再一次重复上一代的轨迹，直至老去为止。

　　这个规律，循环不断，生生不息。往后看，你也许会认为这一生是"既定"①的，由上苍主宰，没有选择余地。但往前看，未来的遭遇也许是一种偶然。

　　偶然你看到这本书，偶然你翻到这一页，偶然引起了你的兴致，你就这样看下去了。跟徐志摩写的短诗《偶然》没分别。

　　他说：

　　　　我是天空里的一片云，
　　　　偶尔投影在你的波心——
　　　　你不必讶异，
　　　　更无须欢喜——
　　　　在转瞬间消灭了踪影。

---

① 粤语，注定。——编者注

你我相逢在黑夜的海上，

你有你的，我有我的，方向；

你记得也好，

最好你忘掉，

在这交会时互放的光亮！

也许人生就是各种各样偶遇的累积和组合。

我认识维榕也是一种偶遇，打从阅读她的第一、二册中文著作《家庭舞蹈》开始。她描述的每一个家庭治疗个案都深深地吸引着我；既有层次，又有深度，似曾相识。犹如一面镜子，将我们周遭问题家庭的每一个互动个体的一举一动，呈现在我们眼前。维榕的闲话家常般的一两句简短提问，便能直击问题核心，将问题解决。

及后，经友人介绍，才知维榕是鼎鼎大名的国际家庭治疗师Salvador Minuchin的唯一华人入室弟子，也是在纽约主理家庭研究所（Family Studies Inc.）的家庭治疗教授。我和她在一个饭局中成为朋友。我们的交往并没有如徐志摩所写的浮云一般地一掠而过，去得无影无踪，了无痕迹。反之，我每一次跟维榕和她的先生会面，都是一次喜悦，一次愉悦的交流，一次充满智慧和灵感的沟通。

维榕是一个有学问、有修养、有内涵、有智慧和有幽默感的学人。她谈吐优雅，观察力强，说话动听，并热爱工作和生命。她足迹遍及欧美、中国的港台和欧洲各地的大学研究院。早前，她患上大病，住在玛丽医院病房中，准备做手术时还不时牵挂着港大研究生的功课和在纽约家庭研究所开的课。

可能是，当一个人对生活怀抱着热烈的深情时，对一事一物都会恋恋不舍，把自己火热的感情和旺盛的生命，投射在所接触的人和事上吧！

《家的万花筒》是维榕第三本中文著作。这部著作较前两部都充实多了。其内容不全是她处理过的家庭治疗个案，还有她对一些人和事的看法，比如《毕加索的女人》和《新春谈死》等，每篇都是一个单元故事，充满感情、哲理，兼可读性高。让我抄录书中数段精句与大家分享。

家是一个奇怪的"多体动物"，如果把它搁下一段时期，它就会自生枝节。这个道理，我们往往醒悟得太迟。——《不停洗手的孩子》

三个好像不停与母亲作对的孩子，其实像三个守护天使，看守着母亲的一举一动，一思一念。他们为母亲制造麻烦，让母亲把注意力转移到他们身上，不能继续自我消沉。——《三个孩子一个母亲》

以和为贵，其实是十分闷人的一回事。人是需要发泄的。——《婚姻一课》

夫妻的争持，是十分荒诞却又无可逃避的家庭现象。要六根清静的人应该当和尚去；要成家立室，就得不断学习谈判之道。——《家庭谈判》

一个母亲的智慧，就是明知孩子会跌跤，都要让他找寻自己的道路，因为她知道，一不小心，母亲就会变成孩子的牢笼。——《坐屎监》

这是一个悲剧家庭，并非因为发生了什么坏事，而是因为没有事情发生。——《百尺之室的矛盾》

总之，《家的万花筒》是一本好书，值得大家一读，再读。

目　录

家 的 万 花 筒

我见过这个家庭三次：两次亲自会面，一次看他们的录影纪录。

同一家人，但三次是完全不同的表达方式，完全不同的体验。

第一次会面，我们在诊所等了一小时，仍然没有这家人的踪影。主诊的精神科医生、心理学家及诊所内熟悉这宗个案的专家，全都忙得团团转，与这家孩子的父母不断通电话。原来这一家四口中的小妹正在大发脾气，大吵大闹，没有人能制止她，因此一家人都不能前来赴约。

大妹十五岁，小妹十二岁，怀疑患有强迫神经症（Obsessive Compulsive Disorder），两人不停洗手，什么东西都嫌脏，不肯碰，好几个月来都不能上学。

由于事态严重，我们决定不取消这次约会，要求家人尽快安顿小妹，我们继续等他们前来。

两个小时后，这家人终于出现，但只有父、母及大妹，小妹则留在家中。不知道他们是因为与小妹搏斗得筋疲力竭，还是本身就是沉默的家庭：大家谈了半天，虽然有问有答，却总谈不入正题。

无论我们问什么，母亲都投诉女儿的不是之处："大妹怕水杯脏，我们只有喂她喝水；大妹嫌马桶垫圈脏，我们为她洗擦；大妹不肯睡自己的床,我们让她睡在主人房……"

一切都是围绕着大妹转,那么小妹呢?小妹本来没有问题,但是最近变得愈来愈像大妹,所有大妹的病征,也全部出现在她身上。

忧心忡忡的母亲是位中学老师,白天要教书。明显地,她把全部精神都集中在女儿身上。大妹的每一句话、每一个神情,都逃不过母亲关注的目光。父亲却坐在一旁,双手抱胸,一副冷眼旁观之态。他一开口,便一连串地说着自己怎样见识广博:在哪一家名校毕业,与什么名人做过同学,认识哪些有名的专家……

对于两个女儿的问题,他的答案很简单:"一切皆因没有人肯听从我的意见,如果全家一早就移民北美,绝对不会发生这种事!"

我向他解释:"青少年的成长过程,往往会有很多枝节、很多精神上的困扰,我们能否了解一下她们的心态?"

父亲一声不响,也不知道他是同意还是反对。谈及他们的家庭状况,他总是转弯抹角,令人愈听愈糊涂。母亲与大妹不断向我们解释,千言万语,都是一些"应该"、"所以"诸如此类的说话,令人摸不着边际。

当问及他们怎样处理两个女儿的问题时,父亲突然跳起来,大声骂道:"你们别以为自己是什么专家,兜兜转转地在浪费时间,我有什么专家没见过……"他滔滔不绝地数落下去。

他这样来势汹汹,大家都来不及答话,倒是大妹反应敏捷,立即哄着父亲,一面轻轻地用手抚摸着他的胸口,叫他不要生气,一面为母亲向我们解释:"他一会儿便会平静下来,你们千万不要介意!"

我们无端挨了一顿骂,但是整个会面过程,反因父亲发怒而充实起来,让我们体会到这个家庭互动的一面。

可是,我们不明白,大妹为什么会如此熟练地保护父亲?尤其是在父亲生气时,她便会特地用上小孩声调与他说话。很多儿童心理病,都是因为孩子过分投入在父母的矛盾中。我们看到大妹与父亲的关系比夫妻二人更为亲密,但是我们无法了解这少女在家庭中扮演着什么样的角色。十五岁的少女为什么会对父亲唱"我是一个大苹果"。

在我再次会见这个家庭前,主诊的心理专家已经见过他们一次。从会面录影片段中,我看到的是一个与上次完全不同的画面。

这一次,大妹、小妹都来了。父亲一句话还没说完,大妹就跳起来打他,一拳一拳有力地落在父亲的背上,母亲见状,马上把女儿拉开;过程中,当然也免不了挨上几拳。小妹则静观不语。

奇怪的是,上次那位凶巴巴的父亲,这次却任由女儿乱打,全不反抗;而上次那个依附父亲的孝顺女儿,今日却是"爸爸杀手"。大妹三番四次上前打他,母亲在旁劝阻。最后大家没有办法,只有把他们隔开,叫两个孩子到邻室等候。

父母留下来跟我们商讨对策。父亲说女儿疯了,应该送院治疗;母亲却说,她是精神上有困扰而已。

问父亲为什么女儿打他他不还手,他说怕自己手重,一出手就不可收拾,接着他又长篇大论地细数自己过去的光辉史。

这个家庭实在扑朔迷离,给人一种身处迷宫的感觉,而且没有一个人肯为我们提供任何资料。我们只能见到一条又一条的线索,让人跌落陷阱中。

第三次父亲没有来,我们只好从两个女儿入手。

我与主诊医生一同见大妹、小妹,企图探索大妹对父亲愤怒背后的因由。我想,如果这位小姑娘能够用语言将她的愤恨表达出来,就不需以奇怪的病征来表达自己了。

没想到父母不在场，两个女儿更是守口如瓶，什么都说记不得了。小妹在旁尤其细心看着我们各人的一举一动，摆出一副"你休想我会跟你合作"的姿态。没有办法，血浓于水，我们只好把在外面等候的母亲请进来。

妙的是，母亲一出现，便令没精打采的大妹有了生命力。小妹开始向母亲投诉家中东西怎样肮脏，怎样不能用手碰。母亲倒像个被程序化了的机器，对女儿所有不合理的要求，都忍辱负重，照单全收。

原来，大妹除了因怕脏而不停洗手外，在家中还不肯碰任何器皿及餐具，所以吃饭喝水都要由家人喂入口中。

我问："那你怎样如厕？怎样擦大便？"

她说："太脏了，都得由妈妈代劳。"

母亲点头同意："是的，我每次都要把马桶垫圈洗擦干净，连抹屎都是由我帮忙的。"

眼前这高大的少女，在母亲面前原来像个两岁的婴儿。我恍然大悟，大妹的问题不单是强迫神经症，而且是一种十分严重的倒退（Regression），回到婴儿的阶段去。

问题是，母亲不但没有拉她一把，反而毫不自觉地把她真的当作婴儿看待。她的一举一动，其实都与女儿彼此牵引着。

我向母亲说："你不要答她的话，行吗？"

母亲的眼睛却不由自主地盯着女儿，继续向她解释自己怎样将家中各种东西洗了又洗。

小妹把一切看在眼里，制止母亲说："你别再答姐姐的话，免得被人说你不合作！"

母亲对小妹说："我不答她怎成？你又帮不到我！"

小妹低声自语："我不帮你，谁帮你？"

这一家四口的关系，就是如此阴差阳错，然而又保持着一种天衣无缝的平衡，外人完全不能接近。

我只觉得这四个人都在守着一个家庭秘密，一个家庭的万花筒，从每一个角度都可看到一幅不同的图画。

也许这就是所谓家的归属感。人人都需要有所归属，在归属中我们找到安全和保护，但是这归属也会局限了我们的发展和自由。

看着两个大好青年，被锁在家庭的围墙内，没有门让她们出去，也没有门可让人进入，我们是多么爱莫能助。

婚姻不是两个人的事

恋爱是二人世界，婚姻却绝不仅是两个人的事。在夫妇的睡榻上，起码睡着六个人——夫妻二人，以及他们各自的父母！

因此，当老同学茵茵要求我约见她的女儿时，我不禁感到好奇不已。

茵茵是我在中学时的同班同学，后来我们还一同上大学，但我一直与她并不相熟。只记得当年班中有位追求她的男生，为她拍过一张特写照，照片中的茵茵，大眼睛、小圆脸，笑意盈盈。后来，不知何故，茵茵半途退学，嫁人去了。

这些年来，我与茵茵少有碰面的机会，只有不时从其他老同学口中得知她的消息，都是有关她婚姻的种种不幸。据说她遇人不淑，受尽丈夫的欺负，同学们都为她抱不平。也因为这样，所有人都知道茵茵有个可恶的老公。

这段时间我长居外国，有一年回港度假，热心的同学知道我从事心理治疗，遂特别安排茵茵与我见面。

吃过一顿下午茶后，同学"借事遁"，剩下我和茵茵。她详细地向我解释及诉说婚姻中每一细节、对话、内容及前因后果。

由饭后至黄昏，我也打不断她的话，最后只好提议一起去坐天星小轮,边走边谈。

黄昏的香港,整个海边洒上一层懒洋洋的金光,为紧张的城市带来一丝悠闲。

我对茵茵说:"你看,这城市多迷人!"

但是茵茵的一双大眼睛好像蒙上了一层薄纱,视若无睹。她继续自顾自说,完全不用我答话。我无法在她脸上找回记忆中那位清新少女的映像,只见到一位失望的妇人,被自己的不满包裹得完全不能动弹。我甚至感受不到她的悲哀,只觉得她十分机械化。

当时我想:她为什么不离开丈夫? 如果她对这段夫妻关系感到如此苦涩、如此充满怨恨,她的子女也将无法逃避这一股苦涩和怨恨。

没想到若干年后,我竟然在诊所内,遇到茵茵的女儿小茵。

小茵比母亲长得高大,看起来也更清秀,只是她说起话来带着母亲的影子,每一句话都带上解释和细节。谈了一会儿,我仍然摸不清她究竟要表达些什么。

也许是因为认识她的母亲,我很快就察觉到,小茵身上明显负荷着母亲的负担。这是一种难以解释的感觉,并无任何事实根据。其实我一点也记不清她母亲的际遇,只知道她的生活十分不快乐。

眼前的小茵,双十年华,由未婚夫陪着一起来见我。婚期在望,她应该是个幸福的小女人,只是她说话含糊不清,总觉得她有无限隐衷。话不出三句,她便泪如雨下,细听之下,又好像没有什么大不了的问题。

我不禁回想起多年前与她母亲同渡小轮的情景,心里想,一次相聚都留下如此深刻的印象,小姑娘天天对着母亲长大,不知道承受了多少母亲的怨恨、焦虑及对男人的不信任。怪不得一对自称相爱的未婚夫妇,整天愁眉苦脸,对于即将来临的婚姻生活,不单全无憧憬,反而充满隐忧。

彼此兜了一会圈，我干脆开门见山问小茵："我知道你母亲的婚姻生活并不愉快，上一代的婚姻经验有没有影响到你？"

她说："我的长辈当中，真的不乏婚姻失败的例子，因为他们……如此……所以……这般……"

小茵不知道，上一代最影响她的，并不是他们婚姻失败的故事，而是她的表达方式——与母亲一般的满载解释、忧虑及词不达意。那是多年来潜移默化的结果，令她不知不觉地把母亲的失意承受起来，成为她个性发展的一部分。

望着小茵，我不禁想起童话故事中不幸的小公主，一出生就被咒语捆着，天天等候勇敢的武士前来搭救。

眼前的白马王子的确风度翩翩，只是他十分被动地静坐一旁，一点也没有冲锋陷阵的姿态。妙的是，他本人念的也是心理学，对女友的问题十分了解，而且花过不少心思，为她分析前因后果。今次是他建议小茵来见我的。

我问他："为什么要见我？"

他答："我无法说服小茵，希望她会听第三者的话。"

这位小王子不知道，要拯救小公主不能单靠说理。他本身来自一个和睦的家庭，无法适应女友那起伏不定的情绪，只希望小茵赶快驱走过去的心魔，心平气和地与他走入教堂。

他愈是讲理，小茵就愈不能平静，认为未婚夫的妥协，并非出自真诚；她愈是激动，他就愈不能表达真意，怕一说错话，就会引来对方不可收拾的反应。

一对璧人尚未成婚，就已经牢牢地被困在那完全可以预测的重复步法中。

说了半天,我仍不知道他们究竟在争持些什么,只觉得小茵对未来的婚姻生活充满恐惧和不信任,而她的男朋友却像个委屈的大孩子,有苦说不清。

我叹一口气,对男的说:"其实,你是最能拉她一把的人,为什么你只顾跟她作分析,自己却坐在一旁,袖手旁观?"

小茵突然有反应,说:"我就是最怕他把我当作病人看待!"

我跳起来与小茵握手道贺——毕竟与她说了老半天都是"因为、所以、如此这般"的兜圈话,这是她第一次说话如此爽快,同时也反映出两人此时此刻的一个重要互动问题。

结婚是每个人家庭生命周期(Family Life Cycle)的一个转捩点,一个建立新天地的大好机会。问题是:很多人都把上一代的鬼魅原封不动地带入自己的婚姻中,结果不但没有善用新建立的空间,反而弄得自己完全不能喘气。

小茵的未婚夫很明白这个道理,只是他的"驱魔"方法是把未婚妻当作病人,以为一切问题都出现在她身上,完全忽视了他自己在这段关系中所扮演的角色。

我笑着跟他说:"你怎么这么喜欢看病?再这样下去,你快要给她开药了!"

他也笑着回答:"我真的想过要她吃药!"

小茵也因而开朗起来:"我们每次吵架,他总是令我觉得自己理亏,总觉得自己不妥!"

男友说:"其实我也是有口难言,总觉得自己每次说心底话,都会引起她的情绪波动,慢慢地,我什么也不想说了。"

我说:"这样的话,你们的距离将会愈拉愈远!"

两人点头同意,小茵对他说:"其实我很希望你不要老是迁就我,不如好好地跟我吵一顿更好。"

男友说:"行吗？真的可以吵架吗?"

小茵望着他说:"当然可以！初时或者会不舒服,但总比什么事都放在心里好!"

两人情意绵绵,终于像对未婚夫妇。

要解除上一代的"咒语",全凭两口子合力建立一种新气象。

我由衷地祝福他们成功!

喜　宴

家族内有人娶媳妇，婆婆一个月前就不断提醒我到时一定要记得出席。

这种婚礼，是为亲属而设的。

筵开数十桌，男家席、女家席、某某公司席、某某董事席……每一席鲜红的台布上，都放着一张张精美的卡片，写着客人的名字。

但见四周一片珠光宝气，盛装的客人忙着找寻自己的座位。我们婆媳及丈夫三人，辗转观察，却无法找到我们应坐的一桌。

我问婆婆："我们属于男家，还是女家？"

婆婆向我瞪瞪眼："当然是男家！这是七宅八叔公的儿子娶老婆，他们与我们八宅虽然往来不密切，但是除了大宅几户人都在美国外，其余二、三、四、六宅人，都赶来赴宴……"

果然，婆婆每走一步路，就有亲属前来打招呼。据婆婆解释，这些人大部分属于"太公分猪肉"的分内人士，可以同享一头猪的亲属关系，有一定的传统权利及位置，岂能怠慢。

话虽如此，我们每坐到一桌自认为应坐下的宴席前时，都被主人家请起来，说："对不起，这一桌是某宅某户或某团体的。"

要在这群人中找到属于自己的家属位置，实在困难。堂中由青少年以至白发老人，起码有五代人。怪不得中国家族有用同一字排名分辈分的传统，在这种家族场合，陌生人只要互相交换名片，立即就能摸清彼此的辈分。

热心的上一代叔伯，尤其乐于把这些下一代分布在世界各地过门不认互不相熟的各房子弟拉拢起来。

"这是某宅的×××，与你同是某字辈的！"

素未谋面的人就立即成为兄弟。

旁观者问："名歌手×××也是某字辈的，他可是你们族辈？"

家族的卫护者赶着答道："他是妾侍生的，一直没有入门。"

这真是个奇怪的场合，男女老幼，人人都好像负有一定使命，务使一个支离破碎的家族王国，在这一夜间重新网罗起来。

这也是一个下一代成功子弟显威风，上一代父老扬光彩的场合。一时间，堂上满是专家及医学人士。我们仍未找到属于自己的座位，手上却无端多了一叠名片，上面写满我们不认识的显赫人士，并且人人称兄道弟。

冠盖满京华，这个游戏的规则是如何突出自己。连镶满金牙的阿婶都刻意地显示她那绿得迫人的一对玉钏子。

我们终于被安排坐到只有婆婆认识的一桌近亲席上，婆婆一边为我们介绍，一边解释道："七个子女长年在外，这是第一次六子与六媳恰巧回港，难得有机会与各叔伯见面……"

年迈的婆婆，今夜刻意打扮，容光焕发。我想，独居的老人家不知单身赴这种家族宴多少次了，今晚难得有儿媳跟随左右，人也神气起来。偏偏儿子是个十分低调的人，连名片也不随身携带，只收不派，谈话内容又不离种花养鱼。坐在隔邻的同辈兄弟,是位出名的(这晚上好像见到的都是"出名"人士)医生。听他们兄弟交谈,十分别扭。

名医说:"我在美国毕业不久,就决定回港发展。这二十年间,留在外面的同学都后悔没有早日回来。你可有回港发展的打算?"

兄弟答:"我没有任何发展打算!"

话不投机,刚相认的同胞很快就无话可言。

同席另一位爱说话的兄弟,乘机占领全部的说话空间,高调子的声音越桌而来。他的一宗又一宗发迹经历,上一辈听罢称赞不已,同辈的却是反应平平。

头盘是烧乳猪,一阵风起云卷后,烧猪只剩下一个骨壳。食物是最容易满足人心的东西,怪不得分不到太公猪肉的人如此伤怀。

烧得酥脆的乳猪皮,入口即化成一丝丝入心入肺的甘甜。连多话的人都停了话头,全神贯注在筷子所及之处。

四道热菜过后,便开始上翅。此时客人大概已经半饱,白发老者开始怀旧。

满面沧桑的人说:"现在真的没有好菜式,这样的翅汤,怎能登上大雅之堂!"

又有持杖的人说:"我们小时在广州,一碗翅只卖五毫,现在真的没有好东西吃。"

连婆婆也说:"这时代,哪有可吃的东西!"

尽管东西不可吃,席间却是杯盘狼藉,少有剩余之物。

七八道菜后,怀旧的怀旧,显耀威风的显耀威风。席间显赫人士自然出众,不显赫的也推出子女,各有奇才,读书好的当然要赞,考入名校的当然要赞,长得标致的更是要赞。

人人忙着拉关系之际，我发现同桌的一位中年女人，一顿饭也没有说过一句话。她自饮自嚼，好像与谁都没有关连。不知道她是入错了宴席，还是找不到可向江东父老扬威的理由，在这灯红酒绿之际，斯人独憔悴。

这是一个平平无奇的喜宴，我却目不暇接，看得津津有味。在外多年，很久没有参加过家族式的宴会，一下子好像上了人类学的一课。

我一向以为自己是个无根的人，一夜之间，无端添上了好多位兄弟，而且长幼辈分分明。家外有家，一宅宅的人像绳结似的串连起来。

无论子孙发散到多远，只要同一个太公，就会不由自主地饮水思源。

当然，一夜之后，可能这辈子也不会再遇上同一伙人，或再见时又成陌路人，但是这一夜，我突然明白名分的重要，嫁一个人，原来同时也嫁入这人整个有形及无形的家族里。

妙的是，一族人忙着称兄道弟时，竟没有人留意这宴会的真正主角——八叔公的儿子与新媳妇。

新娘子换完一件又一件衣服。不到席散谢宾握手时，也没有人记得原来这是一双璧人的喜宴！

声 音 的 囚 犯

与女友谈天，提起另一位朋友。

我说："这人说话很有趣。"

谁知女友大发牢骚，说："这是一个大问题，不熟悉他的人都说他说话有趣，连他自己都以为如此。因此，只有他说没有人说。前阵子我们几对夫妇一起去旅行，每天吃早餐时都要听他长篇大论说自己拉不出屎，令人倒尽胃口。我们给他意见，他统统都说不行，还说，'我拉屎多过你吃饭'……"

朋友满肚子怨气，与长气袋①同游，自然是扫兴之至。

妙的是，在很多不同场合，都会出现这种不单长气而且不通气的人。乍眼看去，他们都是健谈又风趣，跟陌生人一起的场合，是一个解闷活宝。可惜的是，这些人只可远观而不可近交，一旦变成密友，便会发觉翻来覆去都是一堆旧话，像一匹布般长，不把人闷死，也把人缠死。

我最怕参加旅行团，怕遇上这类不知闭嘴的，有理无理不断给你接话，用声音令你窒息的人。

---

① 粤语，形容人说话很唠叨，同一句话重复很多遍。——编者注

问题是我们最喜欢听到的,往往是自己的声音。

因为自己爱听,以为别人也同样欣赏,也许这就是造成噪音的理由。

也有人把这类人的弱点利用得淋漓尽致:一位求职必得的朋友,透露他的求职秘诀时说:"我每次面试时,总是设法引起主考人的话题,让他们大量发表意见,我只要作虚心聆听之态,求职便无往而不利,因为聘请者听到的是他们自己的声音,当然觉得满意万分!"

自己的声音既然如此动听,当然不可缺乏听众。苦的是这些人的伴侣及家人,天天要接受这种疲劳轰炸,可说是一种严重的精神虐待。

有一位妻子对着这样一位丈夫十六年,等到子女长大了,便要求下堂而去。丈夫百思不得其解,自问不是个不理家的人,而且什么话都与家人诉说,绝无隔宿之话。

丈夫不知道问题就是他的话太多、太长。妻子对着一个噜苏不停的人,一年三百六十五日,年复年、月复月,有如坐在语言的牢狱中。

妻子说:"我怕他的声音,怕到极点。即使他向我说好话,我一听到他那尾音拉长半拍的声调,就会五脏翻倒,真恨不得丈夫有婚外情,让别个倒霉的女人去尝尝这滋味。"

对着一个不停说话的丈夫,真的宁愿把他让给他人。

我曾经为一对老夫妇做婚姻辅导。丈夫是位教师,教师的职业病,就是不能停口。他刚刚退休,回到家中无所事事,自然就抓着老婆当学生,一天二十四小时说个不停。妻子说丈夫不能适应退休生活,拉着丈夫去见辅导员。其实不能适应退休生活的不单是丈夫,还有那突然被丈夫终日缠着的妻子。

我与这对夫妇会谈时,发觉丈夫独个儿喋喋不休。每问他一些事,他都重头说起,巨细无遗,别人全无插嘴的份儿。问起他的过去,更是正中下怀，由童年说起，娓娓道来，一丝不漏。若干小时后，他仍然没有说到少年时代。

我却在发愁，如此下去，不知何时才说到正题，每次尝试打断他的话题，他都说："我还没说完！"他的妻子却静坐一旁，双目半合，一派安详舒适的样子，任由丈夫向我说故事。

后来我才发觉，这女人被丈夫烦不胜烦，视我们这每周一次的辅导时间为"休息日"，因此她安排丈夫向辅导员说话，自己便乐得安静，入定而去。如果不是我坚持要同时接见他们夫妇两人，她一定会把丈夫交给我后，就自己溜走。

辅导的名词中，有一项叫作 Ventilation，即发泄。顾名思义，其作用就是让人说话说个饱。对于一些鼓了一肚子气无处发泄的人，这无疑是一个十分有效的方法，但是对于一些一开口就像拉肚子的人，他们需要学习的可能不是发泄通风，而是自律。

婚姻治疗的目的是令夫妇间的关系有所改善。只是我每次跟这一对夫妻见面时，丈夫都把我当作忠实听众，妻子却趁机闭起耳朵魂游四海。半年后，情况毫无进展，但是他们每周必依时兴高采烈地前来见我。

丈夫愈谈愈开心，此时他已由少年谈到中年，恐怕还有一段日子才谈到老年。妻子争取休息的本领愈来愈高强，特别显得容光焕发。一个要谈，一个不愿听，我被迫加入他们的二人世界中，无意中为他们提供了一个二人各得其所的空间。

问题是，这样下去：我岂非一辈子都得每周见他们一次？我想，抽身的办法，就是不要做丈夫的好听众，也不要让妻子躲得安宁。既然嫁了长气袋，总得彼此面对，不能把丈夫推给我就了事。

我花了四个月时间，才说服这对夫妇不必再来见我。他们需要的是学习怎样制造自己及彼此的空间,尤其那多话的男人,如果他想别人接受自己,就绝对不要再用连篇话语把人捆住。

后来我还是继续见了他们几次,丈夫每次想找听众,就会制造一些借口要求见我,妻子每次想避难,就会陪同丈夫一起找我周旋。

我无法改变他们,终于学会接受他们。

这是一个寂寞的世界,我们要找寻一个熟悉的声音,最终找到的却是来自自己的声音。

而这一个声音,却又威力无限地把我们与其他人隔开。最后,我们全都成为它的囚犯。

无 过 分 手

　　我始终没有与永达见面，但是他的声音，却一连几天愈来愈熟悉地不断从电话筒传来。

　　第一次，那声音说："我叫黄永达。父母亲给我这个名字，是希望我的一切心愿都能达到。我四十六岁，大半生的确过得很顺利。我是个好丈夫、好父亲，我的女儿十五岁。我一家移民美洲已十二年，我是个电脑专业人才，工作安定，生活舒适。但是我的妻子却突然要离我而去……"

　　那声音又说："我没有什么知心朋友，有话不知向谁说，只好找心理专家谈谈。"

　　我约他面谈，那声音却说："我太太并不知道我找人辅导，她知道了一定会很生气。"

　　那是一个焦虑却又十分隐秘的声音，明显地：永达只想传声，不想露面。

　　我心想，这回无端当起《尽诉心中情》广播节目主持人，怎生是好？我一向不主张借电话做辅导，闻声不见人，没有实在的接触，很难提供意见。但是永达的声音听起来是那么无助，令人不忍不回应。

　　那声音不断问："我自问没有做过任何对不起妻子的事，她为什么要离开我？她是不是心理有问题？"

男女之别，难道就是男人无故离开女人是天公地道；女人无故离开男人，却因为她心理有问题！

我想，这位永达先生要不是个大男人，也必是个思想古旧的人。他不知道妻子下堂求去的理由，其实可以数之不尽。

我问他："你们相处这么多年，必定会有所感，她为什么要走？"

那个声音答："我想来想去，就是想不出来。我是个住家男人，又不乱花钱，又不会找其他女人，她绝对没有理由怪我。我问过她几次，她都说不关我的事，是她自己困扰而已，看来她又不像别的男人。"

他突然问："你想是不是更年期之故？听说女人在这个时期总是莫名其妙的。"

我听着，只觉得这位丈夫说来说去都是自己的感受，完全没有留意妻子的心态，单是这一点，就可令妻子离开。

随着时代进步，女性在婚姻中所扮演的角色，愈来愈复杂，再也不是单一的。丈夫不嫖不赌，不再是留得住妻子的理由。在这个目光都集中在男人婚外情的大时代里，有时会有一种错觉，以为所有女人都怕丈夫被人抢掉，却忽略了女人一样有不安于室的现象，只是她们的理由，与男人的不一定相同。

因此，对一些安分守己的男人来说，实在是无法了解及接受竟然有正常的女人会抛弃他们这种丈夫——简直是违反天理！当事情发生在他们身上时，他们往往都是毫无招架之力，只会死缠烂打。我前些时也见过一个类似例子：一位妻子提出分手，丈夫苦苦哀求。一个是去意已决，一个是死心不息。丈夫说不过妻子，便找社工求助。

在辅导员面前，这位丈夫与永达在电话中提出的问题一样："我这样为她着想,她为什么要走?她是否疯了,还是因为更年期?"

妻子愈听愈生气——丈夫不明白,他每句挽留妻子的话,其实都促使她走得更快。

妻子向丈夫要求分手,不一定是谁有过失,只是想分手而已。

这是最常见的分手形式,不为什么,只是不想继续相处下去。

不能相处,是近代离婚的主要理由之一,而且往往都由女方提出。这些被认为不能相处的男人,大多是平常人。反而那些打老婆的恶汉,比"住家男人"更能留得住妻房。道理很简单,跟恶汉的女人,一般是自我意识较弱的,因此独立性不强,不像正常家庭的女性,对自己的精神生活有一定的要求。婚姻过了好一段日子,儿女长大,却突然发觉,每日同床共枕的亲密伴侣,竟然俨如陌生人。

夫妇间的化学作用一旦失去了,朝夕相对便会变成一种负累。对方的一言一行及不自觉的小动作,都可令你随时跳起来想把对方捏死。既然互相拖累,倒不如独自生活。

因此,不是婚外情,不是发神经,如果一定要与更年期扯上关系,就是人到中年或多或少会对自己的半生作个评估,很多人视此为人生最后一个机会,此时不挣脱半生的枷锁,还待何时?

这是无过分手(No Fault Separation)。

问题是,很多中国男人都不能明白这种女性心态。尤其是永达的家是个移民家庭。这种家庭一般都与主流社会脱节。永达白天上班,晚上返家,年年月月如此,家是他的避风港。

他的妻子却不一样,移民后她一直没有找到自己的工作,连肯屈就的文员职位都在最近大裁员的气候下丢了,终日困在家中,长大了的女儿再也不需要母亲的照顾,满腔情怀无所寄托,家是她的牢狱。

我听永达说话井井有条，凡事都有解释。奇怪地，我愈听他的声音，就愈觉得自己很能体会他妻子的苦恼。

我建议永达："你最好还是约太太好好地交谈一次，让她自己解释分手的理由。但是你要小心，她一时间不一定会回答你，你千万别只顾为自己解释，否则她更加不会说话。"

永达倒明白我的意思，说："我知道自己有时说话过多，她也怪我频频替她做主。"

我兴奋地说："对！你要耐得住她的沉默。大家说话时，最好每一节不要超过五句，最好三句，做得到吗？"

永达说可以试试。

没想到第二天大清早就接到他电话，他妻子一听到他想彼此沟通，立即就离座而去，莫说三句，他一句话都说不完。

他十分沮丧，问我："为什么她那样恨我？好像我玷污了她的空间。她说不关我事，那又为何如此决绝？"

妻子要走，哪有不关丈夫事之理？但事到如今，恐怕已成定局。

我最后一次收到永达的电话时，他表示，妻子终于向他表白，她要独自搬回香港去，尝试新生活。他说："她要求我给她一年时间，一年后她也许会回来，也许不回来，我会等她！"

我相信，永达终于会明白一个道理：任凭他的父母有多苦心，给他一个好名字，有些心愿是永远达不到的。

一段死去的感情，任凭你有多悲痛，都只有奏起挽歌，然后把它埋下。

活着便精彩

朋友对自己一段没有结果的恋情，念念不忘。

我问她："失掉此人，你可会死去？"

她答："不会死去！"

上至政治风云，下至情场失意，只要没有死去，人间自有新天地。

只是在紧要关头，我们很少会记得这个简单的道理。

小菁与丈夫分居近一年，她始终不甘心。八年的婚姻，外人都说他们是天造地设的一对。也许她知道别人羡慕，婚后更是集中精神，努力地把被视为完美的婚姻，经营得更完美。

到她丈夫表明心态，告诉她自己已经另有所恋，小菁才一下子从云际间摔到地上。她不能理解为什么丈夫会放弃这一段神仙姻缘，她不甘心。

不甘心的人，总会做出许多行动。小菁将全部精神花在这一宗感情上，像个疯了的人，一思一念，一举一动，全部环绕着一股燃烧着的火焰。

她是教师，书本是她找寻答案之所在。在 Carl Whitaker 的《热锅上的家庭》中，她读到一段有关婚外情的文章，丈夫与妻子的对话。丈夫说："我的婚外情人，形象与个性其实都与你十分相像。"

小菁立即联想起自己丈夫也曾经对她说出类似表白。两段可能是毫不相关的巧合话，立即令她又再苦苦思量。

不能罢休的女人说："如果他找到一个与我绝不相同的情人，我只有认命。但是他的新欢竟与我是同一类型。那么他是不是有意向我报复？"

小菁不知道，当人被爱情出卖时，无论碰到任何巧合或不巧合的事，都会引发出无限联想，一个又一个幻想故事，一次又一次地为自己找寻新希望。

既然丈夫找个与自己相似的情人，那么负心的男人可能并不绝对是抛弃自己。

于是，小菁约丈夫同游欧洲，实现他们结婚时一直想实践的梦想。也许在那浪漫的新天地，他们会重新找回爱情。

小菁不知道，有第三者存在的二人游，是最令人心碎的旅程。丈夫每每找借口给情人拨长途电话私谈，心知肚明的妻子哭倦在孤独的旅馆房间一角。窗外的莱茵河正在黄昏的斜阳下闪耀，迷人的陌生景色，更是令人肠断。

这种折磨，终于令纯情的妻子下定决心。

小菁悉心打扮，编好一段离情别话：她即使心碎欲绝，也绝对不能让这一个爱情故事没有完整的收场。

丈夫随她摆布，十分服从地扮演妻子为他安排的角色。

望着清丽脱俗的妻子，即使在失魂落魄时仍然保持着如此得体的形象，仍然处处为他打算。他不明白，自己为什么会移情。

他说："我知道自己是个最混账的男人，一切都是我的不该！"

但是他也知道，他这种"混账男人"的感觉，并非在婚外情后才产生。

自从与小菁相识相恋以至成亲后,他就是那样身不由己。一切都觉得受人摆布,对着如花的妻子,蜜糖似的家庭,他却总是觉得脚不着地,老像活在别人的剧本里。

他不知道情人与妻子是否相像,他只知道,女友带给他一种自由,好像久囚了的人,突然呼吸到一股新鲜空气,他不能放弃。

八个月后,丈夫的双腿又不由自主地把他带回小菁那处。

小菁以为自己已经死心,正要习惯独身生活,不了情又再展现在眼前。

她问男人:"你能不能答应我从此不再与她见面?"

男人久久不语,那股无奈的感觉又再涌现。

小菁不敢等候丈夫回答,急着说:"你可以向她交待清楚,对她解释以后再也不能维持这种不明不白的关系⋯⋯"

丈夫垂下头来,他并不是不同意妻子的话,只是觉得妻子说话伶俐,句句都是那样大义凛然。不善辞令的他,立刻想起八年来那一股令自己变得愈来愈无言的压力,还有那股无形的愤恨。

这一种夫妻之舞,跳起来有形无色,两人的脚步都是那样互相牵制得巧夺天工,除非其中一人能够首先转移步法,否则这种共舞形式甚难改变。

也许丈夫在这一次分居后找回可以舒气的空间,他想了一会,终于说:"我可以答应!"

妻子如释重负,情深款款地望着丈夫,说:"谢谢!"

一对旧人,暂时收拾各自的愤怒,重新起步。妻子满怀兴奋地继续编造她那美好家庭的形象,丈夫却是战战兢兢,担心不久又被编入一个没有声音的故事。

不是每一段婚外情都是因为妻子对丈夫不够体贴而起的。过于体贴的妻子，一样会令丈夫拼命而逃，甚至逃得更急。

但是只要不死去，多难处理的场面，都有柳暗花明的转机！哪怕是昙花一现的灿烂！

不 是 同 性 恋 的 故 事

不知何故，与我接近的男士中，起码有一半是同性恋者。因此，丈夫十分放心我与这些男友同游，倒是我不时要警告他们千万别打我老公主意。

自然地，这几位高大威武的男人便成为我"闺中女友"，天南地北无所不谈，互相支持，彼此交换秘密。

五年前，白朗刚从中国回来，我们两人围在火炉边，一边烤火，一边吃零食，兴高采烈地瞎谈了一个下午，内容大部分是他在中国的风流艳遇。

白朗是苏格兰人，他独个儿到中国游玩。我正担心他人生路不熟，谁知他无往而不利，在好几个城市都找到同道。

我忍不住问："中国那么多人，且视同性恋为违法，你又不会说普通话，怎样与人扯上关系？"

他说："很简单，你只要向人群望去，自然就有同好者向你回望。一个眼神、一个坐姿，甚至从对方推着脚踏车的体态，都可以灵犀一点通。"

白朗娓娓道来，十分兴奋。他又说："上海简直是同性恋者的天堂。中国男士喜欢三五成群，搭着肩膀走路，不像美国人那样正襟危坐，可望不可亲。尤其在黄浦江边,拉着情人的手大模大样地散步,国内人都不以为意,倒是碰上外国游客,才会给你白眼……"

白朗不止爱上中国,更爱上中国人。他是个专业人才,不久就在香港找到一份工作,从美洲移民香港。

一年后,我到香港探访他。他家在半山,身旁伴着一位东方男子,还有两只小狗。单身的人突然有个家,白朗十分惬意,他说:"我半生流离浪荡,这是我第一次有安定下来的感觉!"

我也为白朗高兴,作为他的老朋友,我当然要接受他的"太太"。两只小狗一直追着我咬,但那既然是他们的"儿子",我不得已也要将就一下。

只是好景不长,白朗那甜蜜的家庭,很快就出现危机。

异族通婚,双方都要适应彼此不同的文化,更何况是一对不同种族的同性爱侣。不久,白朗就拉着我诉苦:"我以为东方人都是冷静而不喜欢表露情绪的,怎么我的伟伟却是感情激烈,一发不可收拾?"他的伟伟实在是高深莫测,很小的事情就可以触发他排山倒海般澎湃的情绪,完全不可理喻。白朗博学广闻,他的"太太"却是头脑简单,只顾打扮玩乐,而且自我中心,与他一起,全部话题都得集中在他身上。

但是白朗对他处处迁就。三人同行,他总是偷偷向我提示:"你有没有注意到伟伟的眼睛比以前漂亮? 他刚割了眼皮,你谨记要赞他好看,不然他会很失望……"

不久,白朗又说:"伟伟努力做了三个月举哑铃运动,你有没有发觉他的肩膀变宽了?"

真是要命! 我对白朗说:"我不是同性恋,对女人型的男人没有兴趣。只是,你这样宠他,怪不得他处处向你发作!"

白朗还是帮着伟伟对我说："你不明白一个年轻同性恋者的心态,他是多么的缺乏安全感!"

我心底下独自嘀咕:另一老友罗素的同性老伴小白也是喜欢打扮的人,但品味就与伟伟有天渊之别。我有时跟小白去音乐会,看他穿着黑礼服白领巾,一派翩翩君子之风,连我都不介意旁人误以为他是我的男朋友。叫我去赞伟伟,就是一万个不情愿!

有了家的白朗,再也没有当年与我围着火炉细数天下英雄的慷慨。而且香港不需要烧火炉,也缺乏那股被炭火烘得头昏脑涨、懒洋洋的舒服。

我每年回港工作数月,每次见到白朗,只觉得他一年比一年焦躁、坐立不安。每次会面,谈的不是伟伟又在闹情绪,就是小狗惹祸。家常烦事,人人都有一大堆,我愈听愈不是味道。我心目中所熟悉的潇洒男士,变得愈来愈像个满肚牢骚的糟老头儿。

当然再也没有到黄浦江边猎艳。白朗说："我那天与伟伟走过巴士站,无意中向一个候车的男子看了一眼,伟伟就大吵大闹,弄得家无宁日……"

过两天,白朗又找我投诉,这次他在家中与一位外国专家通长途电话商量要事,伟伟就不甘寂寞,在他身旁左穿右插,最后耐不住,走入厕所小解。

白朗说："他故意打开厕所门撒尿,撒得有声有色,当当尿声传入长途电话直通美国。再加上一下惊天动地的冲水声,我尴尬得无地自容,真想捏死他!"

白朗与伟伟的关系直走下坡,连家中小狗也开始喜怒无常,大狗发狂咬人,白朗硬着心肠把它人道毁灭。为了狗的问题,二人又再乘机互相指责。

去年春天,白朗打长途电话到美国,叫我代他找工作,我问:"你不喜欢香港的工作吗?"他答:"不是!但是我跟伟伟提出分手,他不肯,而且恐吓我说要向我上司揭发我们的关系。你知道我的工作圈子有多保守,这回只有离开香港!"

冬天时我回到香港,白朗与伟伟好端端的,看来好像和好如初。五年的婚姻,虽然没有法律仪式,但是对我来说,他们与一般正常夫妇无异。

我自己忙着工作,离港前没有机会与白朗道别,心想他一定会生我的气。安顿下来后我正想找他,却意外地接到伟伟的长途电话。他急得像热锅上的蚂蚁,频说:"白朗走了。他一声不响,到了机场才给我一个电话,说要走了,连上哪儿去也不肯告诉我。我知道他一定是回了美国,你一定要帮我找他!"

以后好几天,我不论在深夜,或是清晨,都在睡梦蒙眬中被伟伟的电话吵醒。他不是叫我替他找白朗,就是叫我找小狗——他说,白朗把小狗也带走了。

我烦不胜烦,幸好白朗真的没有找我,我不用向伟伟撒谎。心中却想:死白朗怎么不找我? 恐怕真的在生我气。

白朗再次在我面前出现时,已经过了一段时日。他看来万分沮丧,说:"这次真是舍命而逃,什么都没有带走,大半生的经营,只剩下两个手提箱子。"

我忍不住问:"小狗呢? 小狗在哪儿?"

白朗给我打个眼色,这次对我也不肯泄露风声。

最近在《纽约时报》读到一篇女同性恋者的文章,写的是与女伴分手时的苦恼。她说:"同性恋不能合法成婚,最大的苦处,也就是不能合法离婚。在一段密切关系结束时,我多希望能够爽爽快快地正式办个离婚手续,免得拖泥带水……"

但是,白朗的故事,并非同性恋的故事,而是人与人之间关系的一段插曲!

毕 加 索 的 女 人

记得有一位长得十分标致的女友说过,爱情是一个镜框,爱过她的人,都会把她的美貌永远保存下来。

毕加索一生中,美女众多,他的确用镜框把她们的形象一个个保留下来。只是在画家笔下,这些大美人的体型面貌,全部被歪曲得一塌糊涂,眼耳口鼻,各自在面孔上东西奔走,越位而出。

毕加索说过:"我的手比我更清楚自己的感觉。"

因此,他的意识,他一生中与妻子及情人之间纠缠不清的关系,在纽约现代美术馆展览的一组毕加索与肖像画(Picasso and Portraiture)画像中,表达得淋漓尽致。

他的人像,不是写生,却是表达画家与画中人的强烈感觉,爱与恨,投射及反应,一个男人的欲念,对女性的欣赏、寄望、恶意及矛盾,跨越七十年时空,至死不休。

第一个出现在这一组画像的女性,是毕加索的情人 Fernande。此人是有夫之妇,但是在他的色彩中,她的裸体是那样地充满泥土气味,那样地不留余地。

第二个画像里的情人 Eva,整个人被分解成一块块方格,成为他立体画派(Cubism)时代的代表作。

最有趣的是毕加索第一位妻子Olga，是法国俄罗斯芭蕾红极一时的芭蕾舞明星。当时该舞蹈团要制作一幕汇合天下英雄的作品，由Stravinsky作曲，Cocteau写剧本，Nijinsky编舞蹈，更特别邀请毕加索来设计舞台。在文艺气息弥漫的环境下，毕加索当然又非得坠入爱河不可，他很快就娶了Olga为妻。

早期的Olga，在帆布上的形象是无比的高雅秀丽。毕加索反常地为她作素描。但是，这位舞台上的仙子，很快就变成只有眼睛及尖嘴巴的形象。据说Olga是个醋娘子，无法容忍丈夫源源不绝的婚外情。在一幅称为《母与子》的油画中，毕加索明显把另一情人的面孔代入Olga抱着儿子的画像中。与此同时，毕加索又偷偷地为一个比他年轻二十多岁的女孩子Marie Therese另置金屋。

Olga最后一幅画像，叫作《沐浴者》(Bather)，大幅画面上，剩下一个只有牙齿和骨头的躯体。丈夫早期为她塑像的爱慕，已化成无限的怨恨及鄙夷。

明显地，妻子的爱，被视为要把男人吞下咀嚼的陷阱。

Marie Therese的形象却是清新而丰满的。当时毕加索已经四十八岁，年轻的情人为他带来新的精力。他把Marie Therese偷偷收藏在郊外的别墅中，不知情的人发觉在毕加索的画像中出现了一个柔情似水的形象，还以为他描绘的只是心目中理想女性的典型。

事实上，毕加索笔下的Marie Therese，始终是一团圆线条的湖水蓝，一个不被现实生活侵占的梦。

大战期间，一个新女性Dora，又加入毕加索的色彩系列。他把Marie Therese安置在城外的乡郊，Dora却住在城中，往来于两者之间，两个完全不同的世界，一个是梦幻中的蓝，一个是苦涩的绿。

一九三九年一月二十一号清晨，毕加索在一天内完成两幅同名却完全不同格调的画像，分别表达他意识中 Marie Therese 及 Dora 不同的形象。

这两幅名画都是叫作《拿着一本书侧卧的女人》(*Reclining Woman with a Book*)，Marie Therese 的一幅是那么平和而优雅，一个身穿蓝衣的女人，蜷着圆润得像风景画一般的身躯，两眼蓝得出奇，像两摊满溢的湖水，带着一份忧郁，一份期待。外面的世界是战火漫天，她的窗外一片惨绿，窗内却包涵着一个被保护的天地。

而 Dora 的画像，却充满棱角，一个绿色的女人，斜卧在鲜红的床垫上。眼、鼻、口及手脚，都尖锐地向不同方向伸展。除了她的一个绿色乳房，整幅画内没有一个圆线条。战争的残酷、恐惧及绝望，全部投射在她那完全歪曲的形象中。

Dora 是战火的象征，毕加索的另一作品《哭泣的女人》(*Weeping Woman*)，画的是个哭得天愁地惨的面目，眼泪与面孔合成一块块令人触目惊心的颜色和棱角，他说："Dora 就是这个哭泣的女人！"

战后的毕加索，很快就与一个叫 Francoise 的女人同居，并产下一男一女（女儿长大后，就是现时出名的设计家 Paloma）。Francoise 本人也是一个有成就的画家及作家。她又是个突出的大美人，可是她的美貌，并没有成为画家笔下动人心弦的惊世作品。

毕加索为她创造了《花的系列》，把她与花相比。也许是因为她过于美艳，她的画像在毕加索的画史中，并没有占着重要的艺术价值。反而是两个子女的儿童塑像，把他们父亲的创作功力，推至另一个新境界。

毕加索与 Francoise 同居多年，始终没有与她成婚。分手后，

Francoise 出回忆录,把这位画坛巨人形容为一个冷酷而自我的大男人。二人因此而告上法庭,但是毕加索却无法制止这本书的发行。

毕加索最后一个女人,也是他的第二任妻子,是线条鲜明而健硕的Jacqueline。她的画像在他的创作中,占最大分量和数量。年迈的画家,在她的画像中,表达的是一份经历近乎一个世纪的经验及感受,一份仍然充满生命力的纯情,一个男人对一个女人的热爱和依恋。毕加索死后,杰奎琳也没有活得很久,二人同葬在西班牙一块预先选定的墓地里。

这位被誉为近代最富创作力的画界天才,一生的艺术探索与表达,都与身旁的女人有关。他的绘画风格千变万化,他身旁的女人也千变万化。

毕加索这一辑人像画,是他自己的收藏,极少公开。既然表达的是自己与身边人的密切关系、心态与秘密,当然不想轻易暴露人前。

我在这个奇特的展览里流连,随着二十岁的毕加索进入九十一岁的老人,不自觉地投入一个以男性为中心的潜意识或下意识心态。

这位艺术大师的霸气,不留余地、深深地把我笼罩。他的笔尖比利刃更厉害,划破人的皮肉,挖出心肝,掀开灵之深处。曲终人散,画布上的色彩却是愈来愈深厚,愈来愈惊心动魄。

经过这七个女人的画像,好像走过一道女性内心世界的长廊,跨越时空,却是赤裸裸地围绕着一个男人而互舞。

Francoise 在她的回忆录中说:"毕加索患的是蓝胡子症状,要把身边女人的头都斩下来,然后尽量加以歪曲,收藏在自己私人的密室内。"

展览中最后的一幅画,是毕加索临死前的自画像。双目张大,眼珠一红一白,面临死神,他自己的面目一样被歪曲得令人心灵震动。

露西加波的三生

露西加波是个出生于一九〇〇年的法国农妇,她长相古怪,母亲第一眼见到她就吓得几乎把她丢到地上。

长大后,露西不足四尺,人人都说她是个侏儒。

她的兄长维护她说:"她不是侏儒,只是长得像个侏儒。"

村民却说:"长得像个侏儒,就是侏儒!"

露西有一兄二弟,四人一同上乡间学舍,学童都爱拿她开玩笑,连两个弟弟也不例外。露西却像一根顽草,百折不断。

第一次大战爆发,她的兄长从军,露西天天爬上山岗等他归来。一天,她最敬爱的大哥终于返家,却已变成一个被战争摧残的废人。

露西失去她唯一的依靠,便把全部注意力集中在村中一个叫亚杰的青年身上。

亚杰往东,她往东;亚杰往西,她也往西。亚杰被她缠得毫无办法,在一个月色迷蒙的晚上,糊里糊涂地与她发生了一夜之情。可是,这个并不情愿的情人,很快就离村远走,失去影踪。

露西的父母、兄长都相继逝世,最后她与两个弟弟继承家园。露西拒守妇女本分,她像男人一般下田,又喜欢抽烟及用粗口骂人。她收容受了伤的叛军,终于被家人赶走,结束她的第一生。

露西的第二生,该由她自立开始,她走到深山独居,对于抛弃她的家人,十分愤怒,独个儿跑到山上的圣母像前,大发牢骚。

露西说:"圣母知我心里很苦,向我微笑,她的手指指向远处,我会意地向她所指的方向寻去,原来遍地都是珍贵的野菌!"

于是,露西拾起野菌,带到边界的瑞士市镇贩卖,又把赚到的钱买黑市香烟,走私运回法国。如此来回奔走,她竟然成了大富婆。

离家多年的亚杰,终于返村。

像所有由金山返乡的旧居民一样,亚杰不断炫耀自己在美洲如何好运,只是他的故事是那样陈旧而乏味,独剩露西,仍像年轻时一样追随在他左右。

露西把亚杰带到她远山的家中,向亚杰陈述她一宗又一宗赚钱的心得,她一面说,一面不停地把一叠叠旧报纸用刀切成方块,切得有声有色。

亚杰问:"你在干吗?"

露西说:"那还用问,当然是准备拉屎刮屁股用的东西!"

亚杰面对这位毫不浪漫的一夜情人,毫无办法,只好问她:"你为什么把自己的事告诉我?"

露西不言,转身走入房中,再出现时她头上披着婚纱,对亚杰说:"我离村后,一直想办法回去。我等了这许多年,我想搬到你的家中,我想你娶我为妻,我想把我赚的钱全部送给你!"

亚杰望着这个样貌古怪得惊人的老女子,头上披上婚纱更加显得恐怖,他忙说要回家考虑,立刻逃之大吉。

等到亚杰考虑清楚,要回应露西时,露西却突然被人谋杀,钱财全都不翼而飞。

露西的第三生，由她死后开始。

当亚杰在丧礼队伍中跟着露西的棺木后面走，突然看到露西由棺木中坐起来，继续她那滔滔不绝的独白。

她问："亚杰，是你谋杀我的吗？哈哈。"她笑着继续说，"量你也不敢！你究竟有何决定？你打算娶我吗？"

以后的日子，亚杰不断听到露西的声音，那毫不修饰的调子，那顽强不屈的生命力，在人死后一样是色彩鲜明，或因而更为灿烂。

亚杰午夜梦回，露西的声音，令他觉得自己白费了一辈子的时光。他也曾娶妻生子，经历了两次大战，但最终还是在美国某城市的停车场当看守员度过余生。

想不到，一个年轻时毫不使他倾心的女子，她的干劲、她那无药可救的乐观、她那原始得轰天动地的精神，竟为老去的亚杰打气。在那死亡的国度，她与她死去的家人及亲属，仍然在跳着那生命的舞蹈。

这一位生前因为长得太过矮小而被弟弟叫作"甲由卵（Cocadrille）"[①]的奇女子，仍然在等待着亚杰！

《露西加波的三生》（*The Three Lives of Lucie Cabrol*）是英国作家 John Berger 所创作的故事，现由英国著名剧团康普列塞特剧团（Theatre De Complicite）搬上舞台，并在美洲作巡回演出。

---

① 甲由（yuē yóu），方言，多指"蟑螂"。甲由卵，此处为"怪物"的意思。Cocadrille 为法语，特指一种拥有公鸡头、身体和腿，以及蛇尾巴的怪物；其身体形状像鸟，但身上覆盖的却是蛇的鳞片；据说是从公鸡蛋里孵出来的蛇，拥有瞪视别人即让别人石化或致死的能力；其形象大量出现于中世纪时期的绘画、纹章、雕刻、建筑（作为教学的装饰物）中。——编者注

这出剧我共看了两次,每次都令我兴奋不已。露西的时代背景及际遇,与我毫无相同之处,但是她的故事,是一种对生命及泥土的礼赞,一种大地之歌,歌颂大地上所有生物、植物和矿物!

这也是一个古怪的爱情故事,只是没有才子佳人。一个其貌不扬的女人,一个失落的归家客,却擦出无限的生命火花,至死不休。

一颗甲由卵,竟能散发出如此活力!我每想起她的声音——那直率的清脆、那对生命的坦诚,就会血液沸腾,真正地感受到活着有多痛快!

我从剧院出来,踏着轻快的步伐回家!

一连两个月,我都是因为忙着安排一个暑期课程而把自己弄得疲惫不堪。工作上的烦恼,往往把人的目光变得狭窄,只看到片面的东西;而露西的三生,每一生都迫着我随她经历生活的不同层次。

舞台的经验,往往比课堂的来得感人,可惜,我每次在台下环顾四周,却极少看到自己的同胞。

对着两位刚由香港抵达纽约上课的同学,我兴奋无比地向他们讲述露西的故事。

他们望着我,无以为答,大概以为我因工作过度而失去控制。

我无法分享露西那种对生命的执着,那种畅快,只好执笔为文,在这儿再为大家记述一次 Cocadrille 的三生!

希望我们也能够像老去的亚杰,无论有多落寞,仍然可以向着窗外的黄土低声呼唤……甲由卵,我的甲由卵!

Cocadrille,my Cocadrille!

微 妙 的 平 衡

姬娜酗酒，三杯过后，她就可以尽情痛快，可以叫她姐姐去死。

姐姐茵妮说话伶俐，一口纽约上流社会（Upper East Side）的英语，滚珠滑玉的，圆滑中却充满芒刺，一句话可以同时刺中丈夫及妹妹。

吐凡是个大好人，夹在妻子及小姨子之间，委曲求全。客厅一角的酒吧，设备完善，是他的避难所。无论家中吵得多么厉害，吐凡都能像个祭师，站在他的祭坛前，精心配制他引以自豪的马爹利。

酗酒的是姬娜，其实吐凡和茵妮同样是借酒消愁。

不同的是，吐凡忙于制作；而茵妮捧着水晶杯子，举手投足是那样的优雅而刻意；姬娜则躺在波斯地毯上借酒狂歌，一言一行却是故意在暴露姐姐的尖酸。

酒鬼不是为自己而饮的，每人都有自己一定的目标。姬娜为姐姐而饮，没有这一杯又一杯的黄汤，她不能应付那完美无瑕的姐姐，不能对她那一尘不染的家，以及一尘不染的道德观念作出嘲笑。

姐姐操着控制得体的语调，眼睛避过姬娜，只望着手中的酒杯，说："如果有人不珍惜自己的家族、自己的名誉，把一生迷迷糊糊地饮成一塌糊涂的模样；如果有人以为自己是一条虫，即使衣着华丽，却把自己弄得翻不了身……"

姬娜双目直迫姐姐,说:"你为什么不死!"("Why don't you die!")

吐凡摇头苦笑。

但是他乐得小姨子与妻子纠缠不清。茵妮忙着应付妹妹,就不会只在他身上找麻烦。茵妮是个控制力强的人,不论对己对人都有极高要求。娶了女强人为妻,吐凡只觉得自己像个被人扯线的木偶,处处身不由己。夫妻貌合神离,已经多年没有同房。

自从姬娜搬回老家居住,家中突然多了一股生气,妻子的执着与小姨子的放纵,矛盾相依,谁也缺不了谁。吐凡冷眼旁观,其实并不是真的置身事外,因为妻子针对的并不只是妹妹,而且还有那个并不与她们同一阵线的丈夫。

三人共舞,每人的脚步都是受着另外二人牵制,彼此穿插,造成一种微妙的平衡。

《一个微妙的平衡》(A Delicate Balance)是美国著名编剧 Edward Albee 的作品。我常觉得舞台剧是一种最能表达家庭关系的媒介。剧作家对人与人之间的互相掣肘,往往比心理学家描述得更传神。Albee 的另一名著是《灵欲春宵》(Who is Afraid of Virginia Woolf)。记得 Elizabeth Taylor 和 Richard Burton 扮演的那一对互相挖苦、由晚上吵闹到天明的夫妻? 家庭生活的空虚,满腔情怀无处倾诉,一个人存在的价值与对婚姻关系的疑问,都活生生地展现在我们眼前。

但是,舞台剧并不是一个人的故事,而是一组人的故事。像一盘桌球游戏,一球击发一球,引起满场落索,身在其中,一举一动,都是人与人彼此间的互相冲击所引致。

个人行为,绝非一己形成的!

那么,茵妮的自制和制人能力又是从何而来?

人与人之间所造成的形式及局限,又如何打破?

暂时撇开姬娜,让我们从吐凡和茵妮说起。夫妻二人原本育有一子一女,但是十年前儿子意外死去,伤心的父母各自哀悼丧子之痛。吐凡一声不响,就搬到另一房间去。茵妮也一声不响,对丈夫分房之事绝不提起,但是对别的小事,却愈来愈执着。

茵妮说话转弯抹角,啄文嚼字,没有一句话是直接的,却句句充满弦外之音。她说:"人人都说我是这个家的总指挥,其实真正的指挥是谁,可有人知道? 是谁为姬娜添上一杯又一杯的酒? 是谁决定儿子死后就不再生育?"

她说得好像漫不经意,吐凡并没有答话的习惯,只拿起报纸细读。

知识分子夫妇的悲哀,就是不能痛痛快快地哭、痛痛快快地骂,才会养成这般闷人的表达。相比之下,半醉的姬娜显得特别可爱。

茵妮对她说:"你怎么不再去参加戒酒会的聚会? 你以前去时情况好像曾好转过。"

姬娜说:"不去,不去,我不是有酒瘾,我只是烂醉如泥。"

这三人之间的关系形式,终于因为女儿返家而打破。

吐凡与茵妮的大女儿茱利,已经结了四次婚。每一段婚姻大概维持两年,现在又是回家的时候。但是,这一次,情况突然有所转变。

吐凡与茵妮的一对老友夫妇,突然到访,而且霸占了茱利的房间,不肯迁出。茱利只好暂住吐凡的房间,而吐凡迫不得已,唯有搬回妻子房中。

形势造成的转变,迫着这一对陌路夫妻再度同床。

茵妮终于向丈夫表态,说:"分房是你的决定,我全无参与的余地。

人人都说我控制着你，但是，你对我的无声控制，我丝毫不能抵抗！"

夫妻间的互相牵制，往往配合得天衣无缝，谁强谁弱，非局外人所能料。

十年来，茵妮第一次向丈夫说出心里话，人也变得轻松温柔起来，再也不需要在家中做指挥官——女儿的依赖及妹妹的狂妄，突然变得不重要。

姬娜的酒瘾一直是家中主要话题，为这死气沉沉的家庭提供一个焦点。茱利的婚变，同样具有为父母亲打气的作用。只是这次她们二人在这家庭内所扮演的角色，突然失去意义。姬娜第一次由主角退为配角，让真正的主角——吐凡和茵妮——粉墨登场。

其实，在家庭的大舞台上，所有个人问题都或多或少具有平衡作用，掩饰另一些隐藏不露的危机和秘密。

只有在秘密不再是秘密的情况下，个人问题才有新的定义、新的转机。

或者像吐凡的家庭一样，突然来了个不速之客，才有机会打破这个微妙的平衡。

再 见 故 人

登机、坐机、落机、候机,又再登机……足足廿四小时的旅程后,终于由雪国抵达阳光普照的新加坡——一个我完全陌生的城市。

若干年前,我就是因为对这个过于整齐及有条理的国家产生恐惧,放弃了大学时来自狮城的恋人。没想到这次为了工作,竟然独个儿千里迢迢赶来这里。

拿着罗白的电话号码,不知是否要与他联络,联络上时,又不知道该说些什么。是否要说:"嗨! 罗白,你猜我是谁?"只是,这种开场白太过千篇一律,闷死人了。

阔别多年,我也是最近才从另一位老同学处取得他的电话号码。

我不是个念旧的人,尤其不喜欢找旧男朋友叙旧。记得前些时与女友同游外地,她却将全部心思及时间都花在电话上,设法与一位诀别多年的男友重拾旧欢。当时我十分懊恼,对她说:"此时此地,良辰美景你不珍惜,却白费时间寻觅一个只活在另一星球的人物!"

其实我是想对她说:"喂,你我一同出门,不陪我玩,却找那现在已经不知道变作什么模样的劳什子干吗?"

此时此地,是旧人旧事的大忌,因为旧人旧事都只是存在于另一个时空。

但是此时此地，电话却意外地一接就通。

我只好开门见山："罗白，我是维榕，你好吗？"

对方久久不答。我想，糟了，他一定记不起我，这次一定自讨没趣。正想找机会收线，对方却叹一口气，说："那么多年，你突然给我电话，一点都不给我准备，你想把我吓死？"

我说："不是那么严重吧，你有心脏病吗？"

对方笑说："本来没有，接了这电话就有了。"

此人仍有幽默感，大概尚未变成糟老头子。

与旧男友联络，起码有三怕：一是怕对方不记得自己；二是怕对方变得又老又糟；三是怕无话可谈，或谈来谈去都是老调。但是，最最可怕的，莫如对方老是向你数日子，让你在岁月前无所遁形。

罗白是属于最可怕的一类，话头一起，他便自顾自地由我们哪一年认识、哪一年毕业、哪一年分手，娓娓道来，清楚得像个丢不掉的旧日历。

我忙说："你别那么好记性，行吗？"

但是罗白没有因而停止，反而将一桩桩旧事搬出来，以证实他的记忆力好。

他说："我连你家的电话都记得，是七〇〇六六三，对不对？"

我说："老家一早拆掉了，谈那干吗？"

他说："我们都毕业二十多年了！"

我说："没那么久吧！"

他说："当然有，你数数看，你哪一年出国……"

我忙打断他："罗白，你可好？有其他同学的消息吗？"

当旧男友同时是大学同学时，他所代表的，不单是彼此的一段情，更是人生过程中的一个重要符号。因此,我怕罗白数日子,我也感激罗白依然为我留起那一段日子。那不知愁滋味的大学四年,在我的实际生活里,早就已经没有存在的空间。独是在这天之一角,仍有人记得我那长发如丝、临风朗笑、称王称霸的少女时代。

电话传来的声音仍然是那般熟悉,他说:"你现在一定是短发,而且前面没有头发了。"

我吓了一跳:"什么? 没有脱得那么快吧?"

对方解释道:"我是说,你以前留在额前的一撮刘海,现在一定是向后梳起来了。"

我才舒了一口气,原来对方尚没有把我想象成老婆子的模样。

二十年不见,真的不知从何拾起或放下,大学四年,有三年是与罗白形影不离。毕业后我们各自回家。还记得分离那天,由宿舍走出校园,走到车站,到码头,我一路上哭个不停。当时一段日子,那真是刻骨铭心。但我是个健忘的人,从一个阶段走到另一阶段。回港后,我投入新的工作与体验,罗白插不进我的新天地。

到我出国时,只在旅途中寄了一张明信片给他,写道:我到美洲升学,后会有期。

没有留下回信地址。

二十年后提起电话,也不知道是何道理,听到对方初时那含有酸味的反应,才记起自己当年的不辞而别。

我想也好,他仍有恨意,算是没有白白认识一场。但是又怕他恨意难消,乘机骂我一顿。沧海桑田,各人早已定下自己的路程,理应再也没有少年时的情结。我患得患失,也不知道怎样是得、怎样是失,突然十分后悔拨了这个电话。

有些人和事,应该让它在过去的时空安息,无端掀起过去的涟漪,实在多此一举。但毕竟是老朋友一场,过门而不打个招呼,又好像有负这个热得令人头昏脑涨的人间天堂。

接下来的对话,可列入久别重逢的方程式:你现在做什么工作?你结了婚没有?丈夫做什么?有几多个儿女?他们有何过人之处?

然后是最扫兴的总结,罗白问:"你有没有白头发?我的头发都白了很多,脸上也长了不少皱纹……"记忆中,罗白是个极俊美的大男孩,现在应该是迷人成熟的男人,不知他为何总是叫老。

我说:"罗白,你再说下去,我不敢见你了。"

他说:"真的,如果你在街上碰到我,一定认不出我来。不过,如果我碰到你,我相信你的样子一定没有改变!"

我也弄不清罗白的话有多少真假,大家瞎扯一顿。他不是自怨自艾,就是对我的来电一副不可置信的模样。我尽量保持轻松,以说笑方式混过所有不愿回答或敏感的话题。

他说:"你看,我们谈了半个小时,仍然谈得来,应该是个好现象!"

这个我倒赞同,能够二十年不见而谈得来,是很不容易的一回事。

但是,我们两人都不提出见面的要求。点到即止,是联络旧情人的金科玉律。

我突然感到一阵舒畅,一种得见故人的安慰。

他说:"我放下电话就要往窗外望一回,我仍然不相信你来了新加坡。"

我笑说:"那你就望窗望个痛快吧!"

我们会不会见面,一点也不重要,这个故事已经到此终结。

以后几天,也许他会带我游览狮城,也许他会介绍我认识他的妻儿。一周过后,我们就会说再见,而这一次再见,一等又起码是二十年!

理 想 制 度 下 的 家 庭

我到新加坡,主要是为一个家庭治疗训练中心做主考。一周下来,每天都要看毕业生所播放的治疗录影,然后向他们作口试。这所训练中心有二十位毕业生,因此我也马拉松式看了二十个小时的电视录影。不同的文化出现不同的家庭现象,也反映出辅导员独特的社会背景及辅导手法。

最有趣的是很多宗由同学带出的个案,都是有关青少年的管教问题,最常见的是逃学、脱课或不听师长教训。

但是这些所谓问题少年,在录像中,大都沉默寡言,不但毫无反叛之力,连青年人特有的活力都甚缺乏。因此我所看到的,只是一些十分闷人的青年,我无法想象他们可以坏到哪里去。

专长青少年问题的家庭治疗大师 Minuchin,曾被日本邀请到当地担任教授工作,但是他到日本后却说:"我在这里找不到问题少年,只见到一群过于听话的青年人!"

也许就是因为在长辈前过于服从,私底下才需要胡作妄为。在家长式的制度下,自然会产生独特的反叛行为。

因此,我对新加坡少年的家庭现象产生无限好奇。在讲学时,我提议与同学一起会见家庭，以实践方式教学，免得纸上谈兵。

同学邀请来的一个家庭，是因为儿子不听教而令母亲十分苦恼。一家五口，包括父母亲及三个儿子，大儿子十七岁，两个小的分别是十一岁及八岁。

母亲说："每个孩子都不听话，但是最难教的，是十一岁大的儿子亚荣。每天晚上督促他做功课，都必得经过一番纠缠……"

母亲的话滔滔不绝，亚荣低头不语，一问三不答。

我问父亲有关儿子学习问题的意见，才发觉这位父亲说起话来，与儿子一样觍觍，问一句答一句，哝哝哦哦，我完全摸不着头脑。

母亲显然对家中男子的表达能力感到不耐烦，抢着为他们回答问题。这是一位十分能干利落的女士，相貌宜人，说话伶俐。问题是，她的表达能力愈强，丈夫及三个儿子就愈变得鸦雀无声。

这种形势是辅导员的大忌。因为如果我也像这母亲一般能干及口齿伶俐，就更加把室内一个女强人及四个无能男人的阵容，变成两个女强人及四个无能男人的冲击，结果这几个男人将更是噤若寒蝉。

但是，如果辅导员像这几个男人一样不擅辞令，急性的母亲必然很快就感到不耐烦，话不投机，多少金玉良言也是白费。

况且，母亲要求辅导的原因是如何令孩子受教，我却把注意力集中在这家人的说话方式上，实在不合一般人的逻辑。

问题是，孩子不受教，一般都与家庭内的气氛及长幼位置混淆有关。

这位能干的母亲，白天工作，晚上回家就给儿子补习三小时功课。十一岁的亚荣，白天上学，晚上仍得上学，完全没有自己的空间，哪有不造反的道理？

我问大儿子："你是过来人，你以为母亲这种恶性补习的方式，是否有效？"

大儿子静坐在父亲身旁，举止言谈与父亲十分相似，说话也一样的没有活力，但是他说："母亲太紧张了，她以前教我也是一样，弄得人人都不开心。"

我说："你是家中长子，既然知道母亲的方法行不通，为什么不向她提出建议？"

他低头不看母亲，说："没用的，她不会接受意见。"

我问母亲："真的是这样吗？你不会接受意见吗？"

母亲望着儿子说："不是这样的，只是你什么事都不肯向我说，我一个人要负起全部家庭责任，完全没有人可以商量……"

我故作不解："你丈夫呢，你有找他商量吗？"她不看丈夫，却忙着为小儿子整理头发。

丈夫说："我太太有自己的主意，我很难插嘴。"

家庭就是这样奇怪的一回事，这位母亲的教子方式是完全不给孩子空间，她的丈夫及大儿子看得清楚，不用专家的意见，也知道这办法实在行不通。妙的是，人人看在眼中，却不肯施以援手，冷眼看着她冲得头崩额裂。

怪不得 Minuchin 常说："每个家庭都具有极大的潜力，家庭治疗的作用，就是制造机会把这些潜质提升起来，家人自有解决难题的办法。"

只是，要提升这位父亲及长子的潜力实在不容易。费了不少气力，他们才肯发表与母亲不相同的意见，却绝对不肯与她正面交谈。

丈夫是建筑地盘的管工，他说："我对地盘工人都是一样，每句话只说一次，他们不听时我也没办法。"

大儿子也说："多说无益，对方愿听时自然会听。"

原来这家中两位大男人都是十分会省力气的人,怪不得女人忙得团团转。这是一种互相训练的成果:一方愈悠闲,另一方就愈紧张;一方愈紧张,另一方就愈悠闲。结果,女人和男人的韵律十分不合拍。

　　我笑说:"你们夫妇二人真是奇妙,一个是一辆开不动的老爷车,一个却是时速……"

　　我没说完,妻子便抢着说:"一百六十英里!"

　　大儿子低声说:"安全驾驶为妙!"

　　我问母亲:"你累吗? 一个人老开快车是否有点寂寞?"

　　妻子点头无语。

　　我问丈夫:"你是个懂得悠闲的人,能否教你太太怎样休息?"

　　丈夫忙说:"教不来、教不来,连我老爸都说,我太太连出门游玩都像去打仗一般紧张!"

　　我说:"连你都不肯帮她,怪不得她把全部精力放在儿子身上。如果你不想亚荣十一岁就承受这种压力,你就得设法助她放松!"

　　一个小时下来,总算顺利地让这一家人把原本的教子问题,清楚地演变成为夫妻双方不协调的关系问题,为负责这个案的辅导员找到继续辅导的方向。

　　在陌生的国度作治疗工作,自然受到不同文化的掣肘。

　　当地同学告诉我,这个家庭的形式是不少当地家庭的写照:一家三个子女是新加坡的理想家庭组合;而恶性补习,又是这个不断鼓励孩子向上争取的民族特性;加上这个国家出产女强人,稍为窝囊的男人都只有消极抵抗。这种父母表达形式又会一代一代传下去,例如这家庭的长子,虽然有自己的主意,但是说话缓慢,十多岁的青年就采取与父亲同样消极的态度,只想与电脑为伴,将来娶妻的话,难保不重复父亲的脚步。

人是活在文化里的动物。每个社会都有其不断重复的规格及生活形式,总称为文化,但是所有文化都具有侵占力,一个家庭怎样在其特有文化主流下取得平衡及健康发展,实在需要一番挣扎。

不 停 洗 手 的 孩 子

康康每天洗手三四十次，他的双手发白，皮肤浮肿。十六岁的大孩子，洗手是他唯一的乐趣。

康康患有强迫神经症（Obsessive Compulsive Disorder）。

这一种症状，患者往往拥有令人难以理解的行为，洁癖是最常见的一项。

儿子染有如此怪习惯，急坏了父母。尤其是母亲，整个心系在儿子身上。康康每次入洗手间，母亲的眼睛也恨不得越门而入。

康康深知母亲苦心，每次洗手必向母亲报告，儿子的事变成母亲的事。母子之情，尽绕着洗手间而转，母子的对话，也全集中在洗手或不洗手的话题中。

这是国际家庭治疗师 Minuchin 访港教学示范的一个个案。

他问康康："你何时最想洗手？"

康康答："每当我觉得愤怒的时候。"

Minuchin 笑说："原来洗手具有如此功效，我希望我自己也可以照办。"

怪癖变成消怒良方，明显地，Minuchin 是特意把康康的古怪行径正常化。

康康的父母静观大师与儿子谈得轻松，初时全摸不着头脑，眼见一向寡言的孩子，一反常态地与这位陌生的顾问专家畅所欲言，更是莫名其妙。

Minuchin 继续与康康谈笑风生，完全把他当作正常孩子看待，而且对他的怪癖欣赏有加，于是引起这位大孩子无限好奇。

康康说："我妈很关心我，什么都照顾我，她不知道，其实她自己更需要被人照顾，有时连过马路都会闯红灯……"

小男孩的话头一起，三句不离母亲。

原来康康一家曾经是太空人家庭：为了儿子的学业，多年来母亲在美洲过着陪太子读书的生活。如果不是因为儿子患上洁癖，她也不会决定带着康康回港定居。

太空人家庭的结构，实在奇异。大好家庭天各一方，双亲变成单亲。名义上是支持子女在异乡就读，实际上，一般母亲在外国的适应能力都比不上儿女。到头来，需要支持的反而是母亲自己。

在成长中的孩子，反而承受了母亲的寂寞、无依及迷失在异国山水中的惆怅。而孝顺的子女，就往往会产生各种奇怪的心理毛病——一种令人费解的求助讯号！

康康就是一个好例子。十六岁的大男孩，却依附在母亲裙下，一点也没有这个年龄应有的独立趋向，而且对母亲万般体贴，母子相依，那位真正的丈夫，反而静坐一旁，完全没有插手的余地。

处理这种夫妻子女大换位的家庭结构问题，是 Minuchin 的专长，他说："我在西方见过很多儿童的心理问题，往往都是基于一种与父亲或母亲之间难分难解的关系。想不到在东方，同样的问题竟也是那样的明显。"

一个孩子要长大，终得脱离父母，创造自己的空间。

而康康的空间，却只有母亲。

Minuchin 问他："你有秘密吗？你是否什么事都得让母亲知道？"

康康摇摇头："我什么事都会告诉妈妈。"

Minuchin 说："你已经十六岁了，你喜欢洗手，洗多少次都成，只要你洗得痛快。但是，你能否不让母亲知道？"

康康双眼焦急地望向母亲，洗手而不告知，专家这项提议，实在叫母子二人同吃一大惊。

这位家庭治疗大师治病，不单把病征正常化，而且关系化。康康这种本来弄得父母头痛万分的怪癖，突然变成一种母子关系的联系和表达。

原来康康洗手，是为母亲而洗，为满腔情怀无处投射的母亲制造戏剧，让母亲有机会做观众。这种微妙的家庭心理，比洁癖本身来得更神秘。

康康的爸爸，看着顾问一步一步引出他妻儿的复杂情绪。原以为辛苦经营让儿子获得最好的学习机会，谁知反而造成妻儿变成一个连体婴，再也不能分体。

Minuchin 问他："这样下去，你怕不怕会失掉儿子？"

父亲惘然点头，望着眼前已经发育成熟的儿子，才猛然惊觉他已经变成陌生人，再望向经年伴子不伴夫的妻子，更加令丈夫担忧，因为妻子的关注，显然是全部落在儿子身上。

家是一个奇怪的"多体动物"，如果把它搁下一段时期，它就会自生枝节。这个道理，我们往往醒悟得太迟。

幸好康康在危急时，神推鬼拥地洗起手来，就是因为他的怪异行为，为一家人制造了一个重新调整的机会。

Minuchin 小心翼翼地把仍然依附母体的大男孩分离出来，让父亲有机会重新学习接近儿子，让貌合神离的夫妻可以再次合作。

一家三口，本来为康康的顽疾而来，一个小时后，却带着一股重建家庭关系的新希望而去。

而我们在单面玻璃镜后观察这次治疗示范的一群人，也像被魔术棒点了一下，突然见到我们自己的父亲、母亲、丈夫、妻子或子女，手牵手地连串起来，跳着各种不同形式的家庭舞步。

三 个 孩 子 一 个 母 亲

三个男孩子：一个十一岁，一个九岁，一个七岁。两个大的推着一辆巨型玩具车；小的坐在车内，向我一直冲来。

我瞪着他们不动，心里想：这是孩子对成人的一种试探。如果我不受威胁，他们自然就会停下来。

我很快就发觉，这个想法是错的。

车子继续向我冲过来，毫无停止之势，我本能地闪向一旁，才逃过一场无妄之灾。

兄弟三人继续喧哗而去，若无其事。他们的母亲坐在不远处，对于刚才发生的场面，若无其事。

这是我在一家儿童精神科医院候诊室内的经历。

我每周都到这里来做顾问工作，心想这家庭一定是医院邀来请我做治疗示范的。望着这三只完全不受控制的"顽猴"，以及一个心不在焉的母亲，我心中叫苦。主诊的精神科医生说，这母亲被丈夫抛弃，患有严重的忧郁症。

我说："忧郁的是她被弃妻子的一面，如果我们能够把她母亲的一面提升起来，也许母亲的责任感会令她振作起来。"

我很快就发现，这个想法又是错的。

在会谈时，我看她力竭声嘶，想尽办法叫三个孩子就范。但是，兄弟三人各自东奔西跑，配合得天衣无缝。一言一行，都是特意做出来让母亲感到挫折的。

儿童医院内玩具偏偏特别多，连录音机都安置在一辆玩具车内。三个孩子如鱼得水，在室内四处找寻玩意，一个爬上柜顶，一个对着观察室的咪高峰①高声呼叫，一个对着录影治疗过程的电视镜头装模作样。

此情此景，别说做母亲的忧郁，连我这个顾问都要忧郁起来。

当三个顽童同时决定与你作对时，任何人都是无计可施的。

母亲说："你看，你看，他们就是这样不留神！"

这次母亲却没有说对，其实他们十分留意大人的说话。只是无论母亲说什么，他们都异口同声地反对。母亲说："我是个喜欢洁净的人，一天要花很多时间打理家务……"

两个大的孩子抢着说："都是我们打理的，你还说我们收拾得不好……"

母亲说："我每天下午都要陪孩子温习功课……"

大弟说："你每天都睡午觉，还要我看着小弟！"

二弟也说："你睡醒时就时常用扫把打人，其实我们可以控告你虐待儿童……"

连说话含糊的小弟，也在一旁叽里咕噜说不停口，只是我完全听不懂他的控诉。

有趣的是，这一家四口，每人说话都是把声音提高八度，是"叫"话，而不是说话。明显地，他们习惯了这种喧闹的家庭气氛，知道唯一不让

---

① Microphone 的粤语译名，麦克风、话筒。

自己的声音被四周噪音所掩盖的办法,就是用足丹田之气。

只是,我不明白这三个孩子为何如此怀恨母亲?尤其两个大的,每句话都有弦外之音,看来这次如果不给他们发泄的机会,很难促使他们与母亲合作。问题是两个大孩子十分机警,大人的一举一动,都逃不过他们的眼。而且他们口齿伶俐,我用来鼓励他们的话,立即就被他们捉住把柄。

大弟质问:"连你也说大人不一定是全对的,但是大人可以发凶,我们做小孩子的,怎能对抗?"

我想,他肯这样说话,总比初时故意捣乱为妙。因此我支持他说:"做小孩子的确不容易。但是如果你不能坦白对母亲说出你的心意,她想帮你也不成。"

母亲也说:"你可以坦白说话,我会听的。"

几经挣扎,大弟终于同意与母亲谈话。

为了制造一个母子对话的空间,我提议让不能安定下来的二弟与小弟暂时离室,一来给母亲制造单对单的机会,免得在原先一对三的形势下她总是败方;二来是加强大弟作长兄的位置,提高他的重要性。只是这时要两个小兄弟离开,又得花费不少气力。

一切终于就绪,人人好奇地静候大弟会对母亲说些什么话,诉些什么怨。

大弟望着母亲说:"你不剪发又不梳头时,样子像个母夜叉,很吓人,你一定要去理发。如果你想省钱,可以找一间便宜一点的理发店,但一定不可不理。"

他继续:"还有,爸爸给你做家用的钱,你不要用来带我们去旅行,省下来的用来打扮自己好了!"

原来这个母亲认为管教不来的孩子,他的心思竟然全都系在母亲身上。

母亲也听得十分受用,说:"好,你要我理发,我就去理。我也需要打扮一下。"

她突然充满生气,转向我解释说:"我本来是十分漂亮的!"

我这才发觉,这位颓丧妇人的确是眉目清秀。奇怪的是,大弟对母亲说的一番话,一点都不像出自一个十一岁的顽皮孩子,反而像个丈夫。为什么他这样紧张叮嘱母亲打扮?

原来这位单亲妈妈还没有与丈夫正式分手。丈夫另有新欢,但是仍保持与三个儿子见面。大弟不能接受父母分离的现实,总是怪母亲把父亲赶走。小孩子有个天真的想法:如果母亲打扮漂亮,就可以把父亲争取回来。

我问他说:"如果爸爸妈妈没可能复合,你会怎样?"

他别过脸去,又开始与已经回到房间来的两个弟弟捣乱。

我问二弟:"你相信你爸有可能回来吗?"

二弟摇摇头,望着哥哥说:"我知道他不回来了,你还在等什么?"

两个孩子立即又打起架来。

很少人明白,这两个孩子不是为自己而打架,也不是为自己而顽皮。他们是几个失望无助的小童,困在父母的矛盾关系中,无法抽身。

满怀悲愤的母亲仍处于自怜自闭的心态,无法处理孩子的情绪。

三个好像不停与母亲作对的孩子,其实像三个守护天使,看守着母亲的一举一动、一思一念。他们为母亲制造麻烦,让母亲把注意力转移到他们身上,不能继续自我消沉。

只是他们自己的苦恼,可有人为之排解?

一 加 一 等 于 零

一加一应该等于二,但是很多父母的教子方式,却往往是一加一等于零。

小达就是一个例子:他只有九岁,站起来不够四尺,毫无惊人之处。但是,他的家人却把他形容为一名小魔头,发起恶来,茶杯碗碟乱飞,家中没有一件完整的物件。

妈妈说:"我完全没有办法,我愈要阻止他,他就愈发狂。"

爸爸说:"我也拿小达没办法,这是一个全不听教的孩子,只有靠药物才能使他安定下来。"

九岁的孩子,就与镇静剂结下不解之缘。问题是,药物使他安静,也令他呆滞,有时还会有副作用,令他更加失去控制。到后来,家人宣布投降。几岁大的孩子,便成为儿童医院精神科部门的长期住客。

小达在医院像头小绵羊,但是一回到家里就变回头小疯牛。他的行为问题,好像是特别为家人而设的。

既然问题发生在家中,理应向家庭着手寻求解决办法。实际情况却是,很多这一类被列入不受家人控制的孩子,大都成为医院或儿童机构的永久居民。

这些孩子，变成机构的产品：一种机构化的儿童（Institutional Children），只能在院舍的环境下成长。

数年前，我随家庭治疗大师 Minuchin 到纽约一家儿童精神科医院工作，就在其中一间病房内见到小达。

当时室内有七八个孩子，正忙着与辅导员玩集体游戏，独是小达一个人坐在角落，双目无神，毫无生气，只肯追从院内的保姆。

Minuchin 对我说："你看，这个孩子不应留在医院，他该与家人在一起！"

一看病历，才知道小达已经在这家医院住了两年！白天出院上学，下课就回到医院去。据主诊医生说，小达已经习惯以院为家，与院内上下员工十分投契，连她都把小达当作自己儿子看待。

问题是，小达愈习惯医院内的生活，就愈难归家；愈是与院内员工熟稔，就愈把自己父母当为陌生人。

这种现象，产生了大批有家归不得的儿童"病人"，他们其实无病，只是父母管教不来，医院便成为他们唯一可以正常成长的归宿。北美洲的医疗制度愈完善，愈是制造了一群以医院为家的病童。

要维持这班儿童在医院的体制内，每人每天需要两千美元，幸好美国近年收紧医疗费用，才认真地考虑怎样处理这个由体制所造成的问题。

既然问题发生在家中，改善办法应该由教育父母开始，而不是把教不来的孩子送院。

教育父母有两个不同趋势：一是把父母亲召集起来，教以养子之道。但是这种类似方程式书本教育，往往与每个家庭内所发生的情况并不吻合。虽然在讲解上强调父母间要彼此合作，但是夫妇间不合拍，且不合作的形式与种类繁多,加上各有前因,岂是叫他们合作就合作得成的?

另一种父母教育,就是让父母亲与孩子同处一室,看他们彼此的互相行为:父母亲各自如何与孩子沟通、夫妻间的节奏如何互相应对。即使在短短的观察中,也可以见到每个家庭那不断重演的形式。如能找出其出错的环节,加以修正,则可以更具体地协助父母找出较为有效的教子之道。

例如小达一家,父母都是爱子情深,参加过不少亲子训练班,只是不知何故,两人一接近,孩子就发起狂来。

Minuchin邀请这一家人会面。在交谈中,母亲把小达的病情娓娓道来,吃什么药、见哪些专家,对小达的一举一动,都有一定的解释。明显地,父亲静坐一旁,虽然有他自己的意见,却是全都发挥不出来。而且每次父亲向小达提出要求,都被妻子纠正,不是说他无理,就是怪他不周详。

原来,母亲比父亲多上教子班,自觉知识比丈夫丰富,因此分分钟都做丈夫的老师——造成一个新形势,不单两人都发挥不出父母之道,反而因为争论谁是专家,造成父母一个不平衡的新场面。

孩子在这种家庭气氛下,当然谁也不肯听。Minuchin要求小达与父亲一同站起来比高矮,一个四尺不足,一个堂堂六尺。他问父亲说:"你比他高一大截,为什么会在孩子面前如此无能?"

他又问小达:"为什么你父母亲这样怕你?你有三头六臂吗?"他用手试试小达的臂力,小达其实是不堪一击的。

Minuchin故作不解,问父母亲:"一个九岁的小孩子如果没有人撑腰,绝对做不成小魔怪,他必然是骑在你们其中一人的肩膀上,才会显得那么高。"

父亲说:"他的确有人撑腰,我叫他不动,因为他知道我妻子不会支持我的做法。"

母亲说:"我也叫他不动,我管教他时,我丈夫从不站在我一方。"

Minuchin说:"你们管教儿子的方式是互相抵消的,一加一等于零,怪不得小达变成没有人管的小野牛。"

小达却说:"我不要住医院,我想回家去!"

教子之道,实在没有一定的良方;有的话,也不是可以盲目跟随。成功的父母亲都知道,要养育下一代,夫妇间需要经过无数考验和错误,从错误中学习,又再犯错,那是一个不断学习的过程,如果两人能够有商有量,则道路虽苦犹甘。如果因为有困难就把孩子送到专家手中,则连学习处理的机会都失掉。

经过这一番谈话,小达的父母终于同意接小达回家,继续接受家庭辅导。

一加一等于二,小达终于有机会做他应分的[①]九岁小童。只是这种父母加起来成负数的算术,在中国人家庭中也不断出现。

----

① 粤语,应该的。

万　能　婴　儿

最近一项医学报告指出，婴儿的睡眠习惯与父母的管教方式有莫大关连。

一项比较美洲及荷兰父母育婴不同之处的研究，发现荷兰父母的亲子技能（Parental Skill）重于自由发展，并不刻意教育婴儿，因此，婴儿大都睡得平稳；相反地，北美父母千方百计尽早启发婴儿潜质，于是弄得婴儿不得好睡。

父母在婴儿身上投资的精力，往往得到相反的效果。为人父母，真是一件吃力不讨好的事。

偏偏又没有教人做父母的学校可以入读，初为人父母者真不知从何入手。大部分教人"父母技巧"的课程，都是教科书上的常识，不一定切合实际需要。

人是从婴儿开始的，但心理学的研究，却始于成人心理，虽然心理分析的重点追溯到最早的成长阶段，但是我们对婴儿世界的理解，只从观察或想象中组织起来。

婴儿的世界究竟是怎样的？

在那混沌初开、懵懂不知的婴儿国度，他们的经历如何？他们有没有"自我"(Self)这一回事？他们怎样与四周环境交流？他们可有回忆，可有感受？

人的"自我"及"自我界限"(Boundaries)是哲学家及心理学家不断探索的问题。

什么是"自我"？其实还没有人弄得清楚，只可解释为一种存在的醒觉，一种意识或非意识中的内心世界。而"自我界限"，却与他人有关，指的是一个与人交往的外在世界。

心理学对婴儿的研究，一直以来有两条不同路线的发展：一派是发展心理学(Developmental Psychology)，从客观的观察、细心分类来制定婴儿发展的里程碑；一派是心理分析，从成人的心理问题追索儿时的心理状态，进而构成一套假设。

根据弗洛伊德的理论，婴儿与母体本来合而为一，渐渐到孩子长大，才分开成为两个独立体。但是近代一些婴儿学说却否定弗洛伊德的观点，他们认为，婴儿由呱呱坠地开始，就是一个独立体，只是缺乏独立能力才迫着要依赖母体，成为二合一的形势。

一分二，或二合一的分别，就是前者以为初生婴儿全无自觉性，乃母体的一部分；后者却认为婴儿的醒觉甚强，对四周环境及身旁人物所发出的信息，有极强烈的接收能力及反应。

近代很多婴儿研究，发现他们的能力比一般人想象中大，尤其是适应力。其中一项有趣实验，对象是两周大的婴儿，把一个连接着一幅图画的奶嘴放入他们口中，让他们吸吮，奶嘴吮得过快或过慢，图画都会变得模糊。妙的是，这班初生之犊，很快就把奶嘴吮到适当速度，让图画清楚地展现眼前。

很多类似的实验结论，都是证明婴儿能力特强，因此建立了"万能婴儿"（Competent Baby）的学说，也出现一个新学派，称为婴儿精神科（Infant Psychiatry）。

"婴儿精神科"这个名词，很多人初时听了都会问："这是怎么一回事？"

因此，当我的老朋友罗素选择从事这一专门研究时，我便追着他查根问底。

罗素是多伦多儿童医院的精神科医生，下面是他给我讲述的一宗个案。

问题应从六个月大的小约翰说起。约翰由出生开始，就哭个不停，一直哭叫了六个月，弄得全家鸡犬不宁。

约翰是独子，父母二人都三十多岁，结婚七年。几经商议，才决定制造下一代，没想到孩子在襁褓期间就已经完全失控。

父母想尽办法哄他、抱他、给他喂奶，甚至不理他都不行，结果二人筋疲力尽，小约翰却是哭声依旧。

遇上这种情形，很多人都说孩子这种行为是天生的，尤其是中国的长者，他们常说："婴儿肯不肯安睡，全靠父母福分，睡得宁是你的福，半夜吵闹是对你的折磨。"

罗素却不以为然。

他说："婴孩的情绪往往反映母亲的情绪。他们像一块吸收力强的海绵，由于与母亲接近，因此把母亲的心声全部接收过来。"

乍眼看来，这一对夫妇与常人无异。丈夫在外交部工作，夫妻常因公外居，由于居无定所，一直没有家庭计划。两年前他们决定辞去外交工作，回多伦多定居，六个月前产下小约翰。

罗素说，他与这两位新任父母相谈良久，只觉得他们夫妻融洽，二人的表达十分得体,尤其是母亲,本身也是来自外交家庭,她父亲是一位成功的大使,她自小就惯于陪着父亲长居外国。

唯一突出之处,是夫妻二人只谈事,极少涉及自己情绪,尤其是妻子,一派外交之风,完美无瑕。明显地,是多年传统训练的成功产品。

经过一番心理分析,罗素才慢慢地把小约翰母亲深藏不露的内心感觉提升起来。原来这位凡事得体的女子,骨子里却充满自我矛盾与冲突。她厌恶外交生活,认为父亲的成功是导致他婚姻失败的主因。她自小陪着父亲走天下,过着无根的生活。长大后,偏偏嫁的也是圈中人,只是丈夫没有父亲那般事业成功(心理分析家一定会说这是她的特意安排),郁郁不得志,还要受老丈人白眼。妻子夹在中间,愈来愈不知如何自处,终于决定离开外交圈。但是她不习惯过平常的生活,因此,表面上一派正常,内心情绪却起伏不定,充满惶恐、疑惑及对现实不满。

接收力强的小约翰,很自然地从与母体的接触中,接收母亲那股不安定的情绪,大哭特哭,为母亲诉尽心中情。连母亲都不知道自己的感觉,小约翰会从肌肤上的接触感受得到。

罗素提议这对夫妇转换位置,让父亲负责照顾孩子的生活,经过一番适应,小约翰真的安静下来。

万能婴儿,苦的是过于容易接收外界的信息,缺乏自我感觉。幸好婴儿只是一个过渡阶段,不像一些成年人,活了一大把年纪,一样不能拥有自己的感觉,只能吸收或投射,做个永久的婴儿。

爸 爸 的 抉 择

同学要求我接见她主诊的个案，她说：这是一位单亲爸爸，带着一个四岁的女儿及一个三岁的儿子，他们已经来候诊室了，正在等着……

那时已是晚上十点钟。

我问同学："这时间对小孩子是否过晚？"

同学说："不要紧，两个孩子都是'夜鬼'。"

果然如此，两个孩子精力充足，在会见时左穿右插，哗声震耳。姐弟二人不是纠缠在一起，就是各自探险，会客室内全部书本杂物，尤其是为拍摄会谈纪录而设的摄录器材，全部不能幸免。

爸爸一边回答辅导员的问题，一边却用眼睛跟着孩子，但是管得女儿来就走漏了儿子，追上儿子时，女儿又在另一角作怪。

这明显是个没经验的单亲爸爸，他不知道当一个小孩子不受管教时，父母千万别与发作中的孩子纠缠不清，否则愈缠愈乱。尤其是这位爸爸的小儿子，他不停地吸引父亲的注意，在室内四处奔走叫爸爸，当爸爸去抱他时，却又不断地嚷着："不关你事！不关你事！"

对着这一把鼻涕、一把眼泪的孩子——口中说着抗议的话，双手却是拼命抓着父亲不放——男人一点办法都没有。

原来这个家庭的女主人,在一年前离家而去,男人带不了两个孩子,就把儿子寄养,只在周末时回家。可是儿子每次要回寄养家庭时,都哭得死去活来,几乎窒息,爸爸看着心痛,于是把儿子留下。

负责寄养的辅导员认为,孩子能否在寄养家庭安顿下来,全凭父母对寄养安排是否立意坚定。对这位父亲那举棋不定的立场,她显得十分不满意,因此,半夜把这一家人请来,主要是希望商讨良策。

可是我看着这个无可奈何的父亲,以及两个依靠着父亲的孩子,只感到无限的悲哀。

女儿坐在父亲膝上,双手紧抱着爸爸,儿子推开姐姐,也要爬到父亲身上,姐弟互推,男人左哄右哄,却完全没有办法把孩子安顿下来。

这种场面,其实也没有商讨大计的必要。两个失去母亲的孩子,痛楚犹新,抓着父亲不放,是最自然的反应。尤其小儿子,不单失去母亲,还要失去父亲及姐姐,每周被送到寄养家庭。三岁的孩子不善表达,只有以不断的哭叫来抗议。

如果父亲真的根据辅导员建议,立下决心把孩子寄养,这孩子的创伤可能更深。因为,孩子最大的哀伤,就是被家人抛弃。

父亲说:"女儿很少找妈妈。只是那天回祖母家吃饭,无意中看到女儿偷偷跪在祖先神位前起愿,保佑妈妈早日归来……"

女儿听着父亲陈述自己的故事,突然安静下来,自己坐开一旁。

我向她招手,她静静地坐到我身旁的椅子上。

我问:"你想妈妈吗?"

她轻轻地点头,立即就把头垂下。

这是一个令人难以形容的小女孩。眼睫毛很黑很长,却不是人见人爱的天真面孔。她的头发看来十分油腻,好像很久没有洗过,但是头顶上却刻意扎上两条辫子，并系着发花。一衣一袜，都明显是出自一个不善为女孩子装扮，而又刻意装扮的父亲手笔。在这夜深时分，这父亲像个大孩子带着两个小孩子，那一股无奈的辛酸，愈夜愈浓。

我问："这么晚，孩子们仍不睡觉，明天怎样上学？"

男人答："没有办法，他们晚上总是不肯睡觉，而且总是争床睡，必要先等一个睡了，另一个才肯上床……。"

这才发现，这一家三口同睡一张只有四尺宽的床，怪不得姐弟二人每个晚上都要争持一番。辅导员先前解释姐弟不能相容，却没有清楚了解这三人同床的苦恼。

我对父亲说："要照顾两位小朋友很不容易，每天必定有很多头痛事要处理，有没有可以商量的人？"

父亲摇摇头："没有，只看了很多教子的书，但仍是摸不着头脑。"

我笑说："课本上的教导都是骗人的，常与现实生活脱节。"

男人听了，第一次见他高兴起来，笑道："真是骗人的，我逐点跟着做，一点效用也没有。"

这是一个爱孩子的父亲，只是他无法同时处理两个思母的孩子。如果有人真正明白这一家人的处境，辅导他的不足之处，这位父亲将可以成功地带领两名幼儿。没有适当的协助，他不久就会被两个孩子弄得束手无策，甚至要抛下相依为命的子女。

只是不知何故，个案的辅导人员，老是以为孩子在寄养家庭才能获得良好管教，老是责怪这位父亲犹豫不决，不能接受寄养服务。虽然有整个家庭服务的系统，但这个家庭的真正需要，却没有人肯正视。

我无法忘记那一对小姐弟，尤其是那不断尖叫的小男孩。

我忍不住对辅导员说："我小时也由父亲带大，也是一样深夜不眠，也是不肯离家上学，我父亲也是一样不懂教子之道，不过我还是可以长大成人，也好像没有太多不妥之处。"

　　记得小时被迫到姨婆家去与表姐一同上学，周末才可以回家，我也一样哭得天愁地惨。每次离家返姨婆处，我也是双手死抓着父亲，抓住大门，一级又一级抓住梯级扶手不放。

　　大人把我抓紧的双手一下下扯开，我能抓得住的人和物都一步步被抢走。孩子的悲哀与失落，那一声声惨叫，足可把整个世界哭碎。

　　而大人，却往往听而不闻。

虎　父　多　犬　子

虎父无犬子,这句话是错的!

其实,虎父多犬子,愈成功的父亲愈有教出败家子的可能。

何以如此? 却是人人答案不同。

根据传统的弗洛伊德学说,男孩子在成长的过程中,都有一种"恋母杀父"的情结,要于母亲心中取代父亲的地位,试看几岁大的男孩,最喜欢玩的总是杀人游戏。当然,这个过程是发生在潜意识中,偶尔才露出几分棱角。但是,这种下意识的所为,却往往表现出一个人以至一个国家的心态。有人说美国是一个"杀父"的民族,就是基于这个道理。

既然要胜过父亲才能肯定自己的存在价值,可以想象一个在父亲阴影下过活的人有多苦恼。生在平庸之家还好,倒霉的偏偏有个虎父,要青出于蓝,实在难之又难。

人是最最复杂的动物,成功"杀父"的人,免不了充满犯罪感,像希腊神话里的 Oedipus,一辈子在旷野漂流,责怪自己有眼无珠。杀不了父的人,却又充满失败感,无法建立自我形象。

单是这一个结,就造就了西方社会古往今来不少文学、艺术,包括震撼人心的舞台作品。

幸好中国人对西方这种普遍的心理学了解不多,而且由于不同的家庭环境及价值观念,大部分儿子都不用争取父亲在母亲心中的位置——因为由出生开始,他们就已经牢牢地坐上母亲心中的王位。虎父也好,犬父也好,哪有与儿子争位的余地?!

但是,望子成龙,是我国根深蒂固的传统观念,撇开那父母子三人交错不清的关系,单看父亲对儿子的期望和要求,那种有形及无形的压力,意志稍弱的男孩都会不胜负荷。

人的关系总是相辅相成的,期望愈高,失望愈大;有虎一般的父亲,就自然有虫一般的儿子——强大的父亲往往会为儿子制造一个保护性过强的环境,温室的植物不能应付室外的世界,一出门就会撞得头崩额裂,产生各种基于自卑及自大心态所冲击而成的心理病。

我见过一位成功的虎父,他率领着整个家庭王国前来见我,独是不见他唯一的儿子,原来这位长在大富之家的青年,竟因为偷窃而被捕下狱。

哀伤的父亲问:"他要什么就有什么,因何要做这种傻事?"

父亲不知道,儿子不是要什么就有什么,他最缺乏的,是一种成功的感觉。

父亲回顾自己大半生,困难重重,但是没有任何困境不是顺利地冲破,他说:"我不知道'难'字是怎样写的!"儿子却刚好相反,他的半生平凡得完全没有故事,没有一桩事可以令父亲满意:读书不成功;恋爱不成功;帮父亲打理业务不成功;到最后,连偷窃都不成功。

父亲为了儿子的事,不能眠,不能食,扪心自问:"我究竟做错了什么事?"

我对他说:"不是做错事的问题,只是你只知道成功的滋味,而你儿子却只有失败的感觉。"

虎父与犬子的道理,其实就是这般简单。

但是这种父子关系所引起的情绪,却是有如江河大瀑,深远而不受控制,没有逻辑可言。

最可悲的是父亲疼子之余,最常引用的句子都是有关自己面子的问题:

"他沦落至此,叫我怎样见人?"

"我的面子给他全部丢尽!"

"他怎能做出这种羞家之事?"

这种言辞,无意中把儿子当作点缀门面的余物,全然扼杀了他自我存在的价值。

且看中国历代古老王朝,父赐子死,子哪有抗辩的余地?如果说美国人具有杀父心态,中国人则可以说具有杀子心态。

一个人本身的价值既然如此不足道,当然也没有可能对自己的行为负责,种种堕落行径,可能是灵魂深处的一种求助信息,也可能是极度愤恨的一种报复。想想看,有什么比犬子羞家,更能令虎父失威?

当然,这种种心理学上的假设,只是一种从人与人关系的角度去解释个人行为,是真是假,无从证实。加上这些矛盾的过程都是在潜意识中发生,就是说,一切心理问题都在不知不觉中进行。既是不知不觉,又怎能分辨真假?

只是古今中外,留存着数不尽的父子斗。他们的故事,不是父杀子,就是子杀父,在那血腥的肉搏战中,你死我活的敌人却是同出一脉。中国古代的政坛,在权与利的斗争中,甚至把儿子剁成肉酱,煮成羹汤。

这些好像是属于创作小说的描写,其实在现实生活里仍然不断发生。现代的父亲,往往不自觉地用话语或眼神,把儿子"咀嚼"得体无完肤。

在瑞典名导演 Ingmar Bergman 的电影里,神与父亲总是以一样姿态出现。神的沉默,也就是父亲的沉默。原来 Bergman 童年时,父亲对他最大的惩罚就是不理睬他。父亲的不言不语,是儿子一生中的一个大结。

根据心理学家 Alice Miller 的理论,希特勒的暴行,大部分是基于童年时与父亲之间矛盾关系的一种发泄。

因此,做儿子难,做父亲更难。

做父亲的话多不成,沉默不成,生个虎子也是不成。因为人是活在关系里的动物,而细看我们每个人在自己的关系中所扮演的角色,绝对没有十全十美这一回事。

有一位作家说过,他天不怕,地不怕,最怕是儿子长大后也要做作家,写一本有关父子关系的书,令自己毫无招架的余地。

事实上,父亲的一言一行、一举一动,的确对孩子具有无限影响力。父亲能否接纳孩子的无知,给予足够空间让孩子探索自己的道路;父亲能否要求孩子尽责,却不一定要以自己的榜样为榜样、准则为准则;父亲能否不以孩子的成败当作自己的成败,尊重孩子是个有思想有感觉的独立体,并不真的是你的骨和肉;父亲能否学会与孩子做朋友,从孩子身上学习,而不是永远做个训话的老师。以上种种,是建立父子关系的基本要求。

只是知易行难,尤其是虎父辈的长者,自己本领太强,无法了解自己的儿子怎么会如此不济事,却又偏偏不听教。痛心之余,不但不会帮助儿子发挥潜质,甚至会把本来资质不坏的孩子,压迫至毛病百出,不能成长。

儿子碰上这样的虎父,更是必须要自救,如果不能冲出这种紧扣着的关系牢笼,一辈子就会变成无法自立的缩头龟。

妻子当帽子

品博士是音乐教授,同时也是一位出色的画家,但是他生了一个奇怪的毛病,就是愈来愈认不出人的面貌。

有时门下熟悉的学生去找他,他会望着对方发呆半天,然后问:"你是谁?"直到学生开口说话,他才从声音认出人来。

问题愈来愈糟,品博士不但认不出熟人的面孔,而且在不应该有面孔出现的地方见到面孔。因此,他不时在路上与水龙头或电灯柱说话,或把楼梯扶手当作小孩子,闹出笑话无穷。

初时人人以为这不过是老教授摆乌龙或者老眼昏花,但是验眼后却证实他的视力正常,连落在地上的细针都逃不过他的眼。于是,眼科医生把他推荐给脑科专家 Oliver Sacks。

Sacks 是脑科名医,而且是一位十分成功的作家,他的作品曾被拍成电影,早期有一部由 Robert De Niro 主演的,叫作《醒来》(*Awakenings*),描写精神病院内无可救治的一群病人,在服用一种刺激脑下垂的药物后,全部变得正常起来。只是,在医院上下大事庆祝、人人开心之际,药气一过,全部病人又打回原形,回复他们本来那混沌初开的状态。

Sacks 的文字,都是根据他的真实个案而写的,有趣之余,也充满一种哲理的启示。

品博士的个案也不例外,老教授这种歪曲了的视觉,令我们不得不对我们惯常所看到的现实世界产生怀疑。

下例是 Sacks 初见品博士时的简况:

Sacks 与他交谈几分钟,就觉得这是一位十分有教养、幽默及机智的长者。初时不觉得他有何奇异之处,直到为他检查脚板底下的自动神经反应后,叫他穿回鞋子时,竟发觉他几分钟后都没有反应。

Sacks 提醒他说:"你可否穿上鞋子?"

老教授问:"鞋子? 什么鞋子?"他专注地往下望,注意力却放在脚上,说:"这是我的鞋子,是吗?"

Sacks 莫名其妙,以为他在开玩笑,或是自己听错了。

对他说:"这是你的脚,那才是你的鞋子。"

"噢!"他说,"我还以为那是我的脚!"

Sacks 从来没有碰上这种问题,因此,他特意拿出一本地理杂志,叫老教授形容封面上的图案,那是一张沙漠照片,只有绵绵的一片沙海,品博士却看得津津有味,他说:"我看到一条河,河上有一所房子,房子有很大的露台,还有很多彩色的降落伞,从天而降……"

品博士对自己的形容十分满意,面露笑容,他以为已经完成任务,四处张望找寻他的帽子,准备离开。

然后,他走向静候的妻子,伸出手来,抓着妻子的头不放,当是帽子,企图把它提起放上自己的脑顶。

这位误把妻子当帽子的人,他的视觉世界是那样地脱离现实,但是在现实的世界里,他竟然成功地身居要职。

为了了解他怎样面对现实世界，Sacks特别到品博士家去拜访。

品博士家中挂满亲属的照片，问起他来，才发觉这位艺术家完全认不出任何一个人的面孔，包括自己在内。

原来品博士对于人的五官以及面部表情，完全无法辨认。对他来说，人的面孔是个抽象的砌图，令他完全摸不着头脑。

Sacks把衣襟上的一朵红玫瑰取下，问品博士说："这是什么东西？"

品博士拿起玫瑰，思量半天，说："这东西大概六英寸长，是个红色物体，附有绿色配搭。"

Sacks追问："你想它是什么东西？"

品博士十分迷惑，他说："这很难说，它缺乏固体物件的那种基本平衡，可是它具有更高层次的自我平衡……"

Sacks说："你嗅嗅它看！"

品博士把花放到鼻前吸一口气，立即恍然大悟："噢，是早春的玫瑰，真香呀！"他随即哼起"玫瑰玫瑰我爱你"来！

Sacks又拿出自己的一只手套叫他形容。品博士拿起手套摸来摸去，说："这东西具有连绵不断的表面，可以张开接起，而且附有五个伸张处，可能用来放置五种大小不同的物体……"

一朵花、一只手套，是三岁小孩都认识的东西，可是对于学识丰富的品博士来说，它们全无熟悉之处。迷失在一个虚无缥缈的抽象世界中，他完全看不到实体，只有一连串的抽象意识。但这不是视觉问题，而是眼中所看到的东西，无法与脑部其他部分联系起来，结果不单视而不见，而且往往无中生有。

品博士同时是一位画家，墙上挂满他历年来的作品。他早期的画作，全是写实的，但慢慢地愈来愈抽象；到晚期，更是杂乱无章。

他的妻子说："这是艺术家的趋向，由写实至抽象，是艺术成熟的表达！"

Sacks心知肚明，诊断品博士患有一种严重的视觉疾病，而且日渐加深，侵蚀他对实物及形象的意识，毁灭他对现实世界的知觉。因此他墙上挂着的画，并非他的艺术创作历程，而是他病情发展的一种见证。

Sacks把这个个案收入他一本名为《误把妻子当帽子的男人》(*The Man who Mistook his Wife for a Hat*)的书中，并且编成舞台剧。

我很喜欢品博士这个故事，起初是因为自己也像他一样，常常认不出人的面孔，因此对他的毛病特别感兴趣。

后来却想：一个人怎样去建立自己的世界，组织所见所闻所觉的资料，其运作过程其实与电脑一样。我们打开电脑，按什么钮就见到什么画面，习以为常，直到有一天电脑坏了，按了钮却只见到花斑一片，才明白很多以为是习以为常的道理，其实一点也不寻常。

只是花斑一片，也自有天地。品博士的抽象世界可能比现实世界丰富。为了应付现实生活，眼花缭乱的老教授，不自觉地用音乐去补足。原来他自创了很多不同的歌曲，穿衣服时有穿衣歌，吃饭时有吃饭歌，他只要哼起调子，就可以随着韵律完成生活上每天必须完成的琐事。音乐是他的"盲公竹"，使他在失去视觉感应的情况下，仍可过着正常生活。到他死去的那一天，仍可以唱个不休。

很多正常人，虽然没有生理上的问题，却一样是视而不见，听而不闻，到死的一天都听不到美妙音乐。

婚 姻 一 课

除夕卅一号,我仍要主持一个工作坊,这次的主题是关于夫妇辅导,特为资深的婚姻辅导人员而设。

整个十二月,我几乎天天都在主持工作坊,忙到最后,几乎成了机械人,只要一按钮,就可以随时转台向不同的参加者讲述不同的题目。心想,再这样下去,我自己的婚姻都会不可收拾。

一头踏入课堂,我却出奇地认出参加者中的三位男士,不禁精神一振。

这三位男士,在我去年同期同题目主持的一个工作坊曾经出现,他们并不相识,唯一相同之处,是三人都在不同机构担任婚姻辅导教育工作。

工作坊不是教书,而是着重参加者的参与及提升潜质,协助他们发挥更大的工作效能。妙的是,去年这三位男士的潜质发挥出来后,竟有意想不到的惊人效果。

一般从事婚姻辅导教育的人士都会准备一些有关夫妇相处的讲座特稿:如何增进男女间的沟通;如何促进家庭关系;五个步骤达至成功的恩爱夫妻,或两周内改善性生活等等。

早期的婚姻辅导,其实由教会领先,辅导内容具有浓厚的宗教意识:婚姻是神的撮合,夫妻双方都有责任把婚姻维系,是好是坏,至死方休,(Till death do we part)!

今日的婚姻辅导,仍然是中产阶级的产物。试问,有多少贩夫走卒或街市卖菜的太太会去找辅导员寻求协助增进爱情? 有的话,大多是因为子女出了问题,被迫透露夫妻间关系的不调和。

在北美洲,很多商业化的婚姻辅导指南都是由一位男心理学家与太太一起上场示范,郎才女貌,一对恩爱夫妻在你面前表演怎样交谈,如何增加生活情趣,让参加的一对对平凡夫妇看得眉飞色舞。

我常觉得,这些极为畅销的讲座或录影辅导指南,其成功之处,与指南内容所提供的技巧无关,而是主持人所塑造的一个形象,让终日柴米缠身的一般夫妇以为模仿银幕上的夫妇技巧,就会摇身一变成为理想中那充满情趣的一双璧人。

结过婚的人都知道,婚姻是个二人三足的旅程,往往走得一仆一跌,翻过几次大筋斗仍然愿意把双足紧缚,二人才有希望走到终点。

因此,婚姻辅导教育工作实在不好做。如果没有介绍婚姻方程式,被困扰的婚姻中人,一定会觉得专家"有料"。如果一定要对无可奈何的事情提出意见,那么专家所提出的往往只是一个无法达到的理想,与现实无关,甚至连他们都不一定相信自己所提供的结论。

上述提过的三位男士,就是在这种矛盾的情况下,倾诉他们的心声。

第一位男士说:"我一直教人夫妻相爱,要多花时间制造情趣,因此每晚饭后洗完碗筷,我的妻子都与我手拉手一同坐在沙发上看电视。问题就在这里,我最怕手拉手,尤其大热天时,满手是汗,十分不舒服,但是如果我照实告诉老婆,她一定会十分伤心,认为我拒绝她!"

第二位男子听了，会心一笑，争着说："我的处境与你同样可怜。每天晚上，我都喜欢对着电脑静思一会，但是每当如此，我老婆都爱伏在我背上，像一张大棉被，让我动弹不得，而且不断在我耳后吹气……"

第三位男士兴奋地跳跃起来说："我才最惨，我老婆喜欢搂着我睡，把我当作大棉被，整个晚上不停地往我面上喷气！"

这三位男子的坦白，当时引来不少笑声，也引起很多在场女士的回应。

一方面的恩爱行动，可能是另一方面的恐怖噩梦！

时下的婚姻辅导十分着重沟通之道。只是，沟通这一回事最容易被人误解，很多人以为，沟通是"有碗话碗，有碟话碟"，结果只是一方面的发泄。很多人在夫妻关系中选择不多言，因为知道直言的后果往往是伤痕累累；又或者沉默是最好的惩罚，在愤恨对方时，何须多言？

夫妇关系是那样的复杂，充满各种甜酸苦辣的情怀，时间和空间的配合、性别的限制、理想及现实的距离、权力的斗争等，各种因素所造成的一种"夫妻政治"，岂是三言两语所能解决？解决办法更不得假手他人。

因此这三位婚姻顾问，各自有其只可向外人诉说的烦恼。他们的坦诚，为我们去年的交流增加了一个有趣的层次。

今年，他们又不约而同地再来上课，妙的是，他们分享的内容，与一年前没有分别。虽然第一位男士说他已经习惯了老婆的手汗，大概因为此时是冬天之故；而第三位男士，仍然渴望有张更大的床！

他们的秘密心愿，很快就引起班上另一男士的共鸣。这第四位仁兄，在一项"夫妻相对"的习作中，对着一位扮作他太太的女士诉说委屈，诉到痒处，他一口气叫骂下去："我就是喜欢穿拖鞋上街！我就是不要穿睡衣上床！我偏要把毛巾乱挂，把臭袜子乱丢，用牙膏由中间按起，看电视看到天明……"

另三位男士在背后为他打气，四位专家，变成四个大孩子，尽诉心中气！

座中有些女同学很为他们担忧，追问他们如果如此不忿，怎么不向太太说个明白？

我却不以为然。明显地，这四位男士都是体贴的丈夫，但不等于全无己见。婚姻之路，就是充满日常生活各种荒诞习惯，迁就了对方，总不能连哼一声的机会都被取去。

我看这几位同学上课上得如此起劲，主要是因为有机会投诉，只见一群人兴高采烈，原来有机会骂枕边人是如此大快人心之事。

他们的经验同时给我上了婚姻一课：以和为贵，其实是十分闷人的一回事。人是需要发泄的，像这四位男士，吵闹了一回，回家再次觉得受迫于"太座"时，必作会心微笑，化冤屈为情趣。

我也希望他们能把这个充满精力的新经验，跟更多夫妇分享。

现 代 家 庭 故 事

十一岁的亚聪,是个智商甚高的孩子,可是他那修读过无数教子课程的母亲,却无法成功地教导孩子用心向学。

母亲说:"我无论要他做些什么事,事无大小,都必得谈判一番。单是带他前来辅导,就要答应给他买电脑游戏,去'麦当劳'吃汉堡包,回家还要让他看两个小时电视节目……。"

明显地,母亲每次与儿子谈判,结果都是败得一塌糊涂。

母亲的烦恼不止于此,亚聪七岁的妹妹小瑛,半年前开始厌食。尽忠职守的母亲,于是立刻辞去自己的工作,回家看守儿女,终日盘旋在一双子女附近,不是赶亚聪做功课,就是催女儿吃饭。半年来,亚聪仍是不肯用功,小瑛仍是不肯进食,母亲声嘶力竭,仍然不肯放松。

为了提高管教效力,母亲在孩子房门上装了一道小玻璃窗,以便观察孩子在睡房内的动态,兄妹二人像玻璃缸内的小金鱼,一举一动,都逃不过母亲不断观察的眼睛。

这一类在放大镜下成长的孩子,往往都会出现很多心理障碍。亚聪不是为自己而读书,小瑛也不是为自己而饮食,他们无论做什么事,都好像是为母亲而做。

如此严谨的母亲,却有一位对什么事都漫不经心的丈夫。大肚皮、矮个子,坐得平稳,冷眼看着妻子与子女纠缠不清,不想插手,他知道一插手就会惹来妻子的攻击,还是远离战场,自寻乐趣为妙。

星期六赛马日,是丈夫的大日子。放眼一匹匹骏马奔腾,死盯着自己投注的马匹,只感到心脏随马匹跳动,愈跳愈快,血液冲上头部,令他满面通红,汗大如豆,那一种极度紧张、如箭在弦的兴奋,比与妻子相处时更有高潮。

但是这一个星期六,妻子硬把丈夫拉来接受辅导。这些年来,带着两个孩子见辅导员,已经是母亲的惯例,只是这一次,辅导的顾问要求父亲一起前来。

妻子满怀期待,丈夫与两个孩子却是万分不情愿。父亲心中生咒:一个辅导员不够,还要加上个顾问,只望不要遇上一个"长气袋",错过黄昏赛马。

母亲把孩子的问题,十分熟练地向辅导员请来的顾问细诉,着意不走漏任何细节。

亚聪愈听愈不是味道,决定消极抗议,对所有问话都不加理睬。小瑛静坐一旁,眼光呆滞,七岁的小孩像个小老人。丈夫追着附和妻子,问一句答一句,不断说:"孩子难教!"

这是一个现代家庭的写照!

我们的上一代,一个家庭往往生下七八个孩子,父母亲照应不暇,天生天养,孩子反而享有自己的空间,正常地长大。

现代教育强调培养孩子素质,故家长的注意力都集中在孩子身上,过分紧张的亲子关系,反而制造出很多儿童心理的新问题。

资质过人的亚聪,反而变成一个长不大的孩子,不能面对外面世界。

他唯一的游戏，便是惹母亲生气。小瑛也不甘落后，大概她幼小的心灵知道紧张的母亲不能忍受松弛，特意为母亲加添一分焦急。

细看这四口之家，竟然像个单亲家庭。全职妈妈，等于没有做妻子的机会。

但是，究竟是因为母亲要做全职妈妈，而忽略了做妻子的责任，还是因为妻子没有机会做妻子，而不自觉地当起全职妈妈来？

很多现代主妇，对婚姻生活有一定的要求，对儿女管教有一定的标准。但是很多现代男人，在婚姻中仍希望保持独身的自由，对于夫妻生活不协调或儿女教养麻烦之处，可避则避。没有获得丈夫支持的女人，将全部寄托放在孩子身上。婚姻愈是不美满，愈是要管教儿女。

这种恶性循环，在亚聪的家庭十分明显。

丈夫看到妻子对儿女的管教完全无效，对她说："你太紧张了，应该放松一点！"

顾问说："你太太那么紧张，你怎样帮她松弛？"

妻子也面向丈夫，说："如果你在我焦急时把我拉开，或陪我出外散步，我就会安静下来。"

丈夫双手交叉抱在胸前，一听到自己需要有所行动，立即泄气。

这才发觉这一对夫妇，甚少正面交谈。问起他们的生活情趣，原来两人都是各自修行。

丈夫只喜欢跑马，妻子喜欢逛商店，话不投机，女的埋怨男的闷人，男的讨厌女的啰苏。

辅导员刻意经营，制造环境让貌合神离的夫妇互相交谈，商讨怎样调整他们之间关系的问题。不被关注的妻子深情款款地望着丈夫，希望他伸出爱护之手，丈夫却顾左右而言他。

他不是不解风情，只是长期习惯了做有妻有儿的王老五，怎肯轻易放弃这一份自由自在。眼看五时将至，再不起程便赶不上夜场赛马。

于是，男人对妻子的要求一一答应，对辅导员的意见全部接受。然后一声拜拜，快马加鞭。

妻子满腔疑团，挽着一子一女，商讨如何打发晚上的时间。亚聪嚷着要去"麦当劳"，母亲吩咐小瑛一定要进食；儿子吵不停，女儿苦着脸。

母亲的寂寞与悲哀，唯有全部投射到两个小孩子身上。

家 庭 谈 判

有多过一个人的地方，就有需要谈判如何共处、如何处理彼此分歧的问题。

谈判不是沟通，虽然在某种程度上两者会重叠。

沟通是一种理想，希望在较理智的情况下交谈；谈判却是真枪实弹，有时甚至会血肉横飞。

家庭谈判有时与中英谈判无异。

这一对夫妻就是一个好例子。

一年前来港时我见过他们一次，那是我同学的一个个案。由于辅导没有进展，要求我作一次治疗示范。

上次的辅导工作，唯一达成的协议，就是令这一对冷战已很久的夫妇，终于面对彼此，好好地谈判。谁知夜场赛马时辰一到，丈夫便先行告退，赶去马场，剩下妻子带着两个孩子，不知如何是好。

今年回来，同学说他们希望再见我一次。过了一年，他们连坐的位置都没有改变，谈话内容，也是与去年一模一样。

奇怪的是，丈夫比去年主动得多，再也不是对妻子作全面消极的抗议。

以前是一个追，一个避；现在避的不再避，谈判于是充满火药味。

妻子说："你什么事都优柔寡断！"

丈夫说："你会让我有自己的意见吗？"

妻子说："我当然想你有自己的意见！"

丈夫说："那天我们去吃饭，我说要吃咖喱牛腩面，你却说不要吃，我再也不知道自己要吃什么！"

妻子说："你吃了咖喱会脚痒，我提醒你而已！"

丈夫说："我连自己要吃什么都不能决定，还可以做什么？"

这一段夫妻对话，可说是一个典型的夫妇对峙。在这新时代，女人的表达能力愈来愈强，男人对压力的承受力却愈来愈弱。面对口齿伶俐的妻子，丈夫自知不是对手，沉默成为他最大的武器。

一个多话、一个无话，是很多夫妇的写照。话不投机，大人可以取道而逃；孩子逃不了，只有承受这种属于大人的压力。

因此，丈夫肯为一碗牛腩面跟妻子吵闹，是一种进步，是辅导者苦心推动的一个起步，因为吵架远比冷战为好。

但是，吵架是一种艺术，双方都需要有点体育精神，才吵得淋漓尽致而不内伤。尤其这位男士不擅吵架，三两下就会泄气，时不时就得给他打气。

有了实习，他的表达能力便愈来愈强，几乎与妻子势均力敌。婚姻辅导有时是一种"锄强扶弱"的行为。只是在婚姻的关系中，谁强谁弱，是不断换位的。

这位起初看来十分喜欢支配丈夫的妻子，其实也是这段婚姻的受害者，她觉得丈夫对自己不够体贴，对丈夫的不关心充满怨恨，所以男人无论做什么都不能令她满意。虽然每句话都是冷嘲热讽，内心却是万分苦涩。管不了丈夫，只有管孩子，偏偏连两个孩子也跟她作对。

丈夫平时总是被她教训，这次却反常地对她说："你这套教孩子的方式是行不通的，一切都以你的决定为主。你愈叫大的读书，他愈放弃；你愈叫小的吃东西，她愈拒食！"

这次我倒站在他妻子的一边，我说："你既然看得清楚，为什么袖手旁观，不帮她一把？"

妻子乘机说："你肯给我时间，我就不再把全部精神放在孩子身上！"

谈到时间的分配，本来甚有起色的谈判立即死火。妻子一定要丈夫在赛马日陪她，丈夫却说，其余时间都可以给她，就是赛马的日子一定要留给自己。

这是一个死结，走进一条死巷，夫妻各不相让；表面上讨论如何增加夫妻相处时间，骨子里却在上演一场你死我活的生死斗。

连我这个临时"裁判"都知难而退。这个死结一定要由他们自己来解，我知道，如果以决胜负方式来解决问题，将会后患无穷，因为他们无论谁赢谁败，输的一定是这段婚姻。

我静静地看他们怎样对峙，心想：还是暂时缓和形势为妙。

丈夫对妻子说："我已经放弃了太多自己喜欢的东西；你不喜欢我交际，我为你放弃朋友；你不喜欢我花时间玩音乐，我放弃音乐；赛马是我唯一剩下的嗜好，连这个也要放弃，我将完全没有了自己。"

妻子说："你重视这个家庭就会放弃赛马！"

又是一个闯不出的死角！

我问他们："如果你们找到时间相处，是否就过得开心？你们在一起时可有乐趣？"

夫妻真是奇怪的连体动物，彼此相对往往毫无乐趣，却偏费尽心思要对方在不愿意陪你的时间来陪你,结果即使找到时间,也是全无味道,如坐针毡。

夫妻谈判往往充满政治色彩,是两败俱伤的权力斗争。整个谈判过程困难重重,但是,即使如此,宁可继续谈判,千万不要停止!

因为只要不放弃,他们必然在过程中悟出一个道理:人与人相处是没有逻辑的。夫妻的争持,是十分荒诞却又无可逃避的家庭现象。要六根清静的人应该当和尚去;要成家立室,就得不断学习谈判之道。

等到两个小朋友长大成为青少年时,父母更要准备如何谈判,因为与青年人相处,只有三个有效的办法,就是:谈判、谈判、再谈判!

百尺之室的矛盾

男穿女服，是一个十分耐人寻味的问题。

根据一些性学家估计，这是继婚外情后，男人第二个最大的秘密。

不知何故，男人会对女性衣服具有如此浓厚的兴趣，尤其是女性内衣裤，真的是某些男士所好。

其实男人穿女服或女性内衣裤，是不同的两回事。前者具有一种炫耀性质，招摇过市；后者却是一种私底下的快感，往往在紧急送院的情况下，被脱掉衣服时，才被人发现这个尴尬的习惯。

因此，当二十五岁的阿雄，因为爱穿女人内裤而被社工推介接受心理辅导时，我第一个疑问就是：谁发现他的"所好"？

社工说："他晚上睡觉时，被母亲掀起外裤，才知道他的秘密。"

如此一来，阿雄的个人癖好便变成了一件家庭事件。一个成年男子，怎么会被母亲掀起外裤来看？此事比阿雄穿女人内裤更难令人理解。

原来阿雄与母亲及十八岁的妹妹同居一室——一个只有一百尺的单位。母亲与女儿共用一张上下榻的"碌架床"，阿雄则另占一床。他的床与母亲的只相隔数尺，二十多年来与父母及妹妹息息相通，难分彼此。

太多人众集一起,特别多吵闹,这是一个空间问题,因为争取不到一个人所需要的地方及心灵空间。

阿雄的父亲在数月前病逝,剩下母亲与两个儿女。哀伤的母亲需要家人安慰,但是两个成年的兄妹却各怀心事。

阿雄当小差,没有朋友或社交机会,下班就回家,只对着母亲及日渐成熟的妹妹。妹妹小瑛停学在家,什么地方也不去,只守在她那上格床的小天地,眼瞪瞪地望着母亲与哥哥的活动。

家是一个无形的笼,三个困在笼中的人,只有彼此,没有外面的世界。

小瑛是阿雄唯一熟悉的少女,看着亭亭玉立的妹妹,他不可能不动心。白天压制着对妹妹的遐想,晚上却禁不住"神女入梦"。

小瑛当然知道哥哥的心态,因此对阿雄十分反感,两人不断因小事吵闹,只是兄妹二人由于长期在同一狭小空间活动,变成孪生的连体婴。心灵相通,同吸同呼,既是分不开,又不能不分开。

在这奇怪的情况下,母亲成了兄妹关系中一个重要的平衡。

百尺室中,三个人舞起互相紧扣的脚步,扣得一塌糊涂。没有一个人能够动弹,没有一个人能走得远。

阿雄最远就是走到洗手间,关起大门数小时,尽情地穿上从母亲及妹妹处偷来的内衣裤。其实也难以尽情,因为母亲不断在拍门,责骂他霸占厕所太久,别人无法如厕。

小瑛最远是躲回床上居高临下,像个两岁的婴孩,望着床外的天地,却无法走出床外。

母亲不是骂儿子就是骂女儿,并不知道他们其实像两只忠心的小狗:永远离不开母亲。三人动作十分一致,一个人半句话未完,另一人就可以补足下去。说话相通,连行动都配合得有板有眼,眉梢眼角,简直是三人一体,三人当中全无界限。

这是一个悲剧家庭,并非因为发生了什么坏事,而是因为没有事情发生。

一位壮年的母亲与两个成年的大好青年,捆缚在一个窄小的空间,地方不够仍有解决办法,但是缺乏心灵的空间,就难以发展独立的心理,每个人都被困在关系的牢狱中。

我见过另一个同是一家三口的家庭,单亲的爸爸也有穿女服嗜好。十六岁的女儿盈盈及十五岁的儿子阿忠,同是中学生。

阿忠出生后不久,母亲就自杀身亡,父亲一个人带大两个子女,是个好爸爸。

问题是他将全副心思都放在儿女身上,没有其他亲属或朋友。他的苦恼、寂寞,都习惯向子女倾诉。

他们三人,像阿雄的家庭一样,纠缠得难分难解,同样共处于一个百尺空间内。

父亲与阿忠同床,连他都埋怨阿忠把自己当作玩具一样,每晚都要"玩"半天才让他入睡。

睡在对床的盈盈,每晚都不得不被邻床两个男人的"玩意"分心。

父亲说他忆念妻子,有时会穿上亡妻的衣服外出,结果因为行动古怪而被警察起诉。受困扰的男人向女儿诉苦,十六岁的女孩无法明了大人的古怪行为。

盈盈哀求父亲:"请你不要把所有私事都告诉我!"

父亲不解,说:"你是我的女儿,有什么事不能告诉你?"

以上两个家庭,各自都有一个爱穿女服或女性内衣裤的成员。由于行为古怪，大部分人都会把注意力集中在这些成员的内在心态，我却以为最值得注意的，反而是这怪癖在家庭中所反映的人际关系问题。

两个家庭都缺乏人与人之间所需要的环境及心理空间，没法建立人与人之间（即使亲如父母子女）的界限。

如果母亲可以掀起儿子的内裤，父亲可向女儿解释自己的性苦恼，那么，这些青年将无法在父母面前感到安全，因为他们没有界限（Boundary）的概念，当然也不可能有"自我"或个人的私隐（Privacy）。

人需要人，但人更需要有人与人之间的界线，尤其是有青少年的家庭，更需要亲属之间的界线分明。

以上两个家庭，给人一种浓厚的性抑制和性挑逗的感觉，表面看来十分正常，骨子里却充满危机，随时有爆发的可能。

在我们这个寸金尺土的香港，不知道憋死多少血肉之躯！

孪 生 姐 妹

双胞胎，是一种十分微妙的关系。

尤其样貌相同的双胞胎，有如二人一影，自幼至长，身旁永远伴着一个"并非是我，却又是我"的翻版样子，严重时甚至不能分辨彼此。生理上分明是两个独立的人，心理上却是二人连体：不能分开。

也许，我们每个人都在找寻自己的双胞胎，希望有人与自己同心、同仇、同声、同气。但是真有这么一个伴时，却往往令人不胜负荷。

因此，当我第一次见到这一对孪生姐妹时，禁不住对她们产生无限好奇。

她们三十五岁，长得十分清秀，二人不但样貌相同，连一举一动也配合得天衣无缝。我听着她们说话，眼睛就不由自主地左右转动，往左望是一个人，往右望又是同一个人。分明是与两个人谈话，我却不自觉地把她们当作同一人来看待。

双胞胎的苦恼之一，就是旁人这种下意识的行动，老是把他们合二为一。

但是这一对姐妹所提出的问题却十分有趣，姐姐说："人家完全不能了解我，对我的苦心一点也不能谅解……"妹妹说："老说要谅解、谅解，人家已经步步跟随，还是不能罢休……"

　　一个是满肚牢骚，一个是万分委屈，妙的是两人谈了半天，兜来转去的，却极少用"你"或"我"一类的人称代名词，反而往往用"人家"一词来代替"你""我"。

　　如此间接的交谈，旁人听得莫名其妙，她们却是心有灵犀。

　　据转介她们来见我的社工表示，这一对姐妹间的矛盾甚深，她们几乎每天都要大吵一回，有时由深夜吵到天亮，经年不断。父母及其他兄弟姐妹不耐其烦，纷纷搬走，最后只剩下她们两人同住，没有旁人的阻拦，她们更是吵得不亦乐乎，只是苦了左邻右里，夜夜不得安眠，往往要召警求救。

　　但是乍一看去，姐妹两人都是十分文静，举止优雅，除了姐姐的声音有点沙哑（据说是前一晚吵骂的结果）外，一点不像被形容中那般"生人勿近"。

　　这两位容貌相同的女士，究竟有什么深仇大恨？她们在吵些什么？

　　她们很详细地向我解释了半天，我却愈听愈糊涂，完全摸不着头脑。只知道姐姐在埋怨妹妹不够体谅，妹妹则是闪闪避避，不肯直言，她说怕说错话，回家又得大吵一场。

　　而我最不明白的，就是她们说话的方式及体态，是那么一致，简直是形影不离，双胞胎还嫌彼此了解不足，实在令人费解，而且都是三十多岁的职业女性，各有各的路向，即使真的彼此不能互相了解，也用不着纠缠得如此惊天动地。

　　不停吵骂的人，有时是因为他们过于接近，彼此缺乏应有的心灵空间。他们的争吵，是反映一种独立的需要，例如父母与子女的冲突，或夫妇间的赌气，往往是基于一种维护自我空间的本能。

愈吵得厉害,愈可能是因为彼此实在难分你我,这是一个很微妙的心理现象,远距离的人是很难吵起来的。

　　我看这对姐妹的争吵,也是基于过于接近,因此,我问她们:"你们有没有想过,如果没有对方的话,你自己的日子将会怎样过?"

　　她们同时望着我,久久不言。明显地,她们没有想象过没有对方的日子。

　　原来她们一同读书、一同毕业、一同工作,从来没有分开过。姐姐说,她试过离开妹妹自己躲起来,但是每次都是躲在妹妹一定能找到她的地方。

　　我问她们:"你们有交过男朋友吗?"

　　她们第一次面露笑容,有点尴尬地摇头。

　　我开玩笑说:"当然啦。你们这样亲近,除非对方也是双胞胎,四人一体才可以谈恋爱。"

　　她们说,的确是因为二人不能分别去约会男友,白白浪费了很多青春。

　　虽然这两姐妹是独立的两个人,但是心理上却是个连体女婴,二人纠缠得一塌糊涂。要过独立的生活,她们就必须要分体。

　　我尽量与她们找出彼此不同之处,让她们建立自我的形象。又要求她们各自给我写信,把自己的秘密向第三者倾吐。

　　她们的信,不约而同地都是表达着同一种恐惧:想摆脱对方,而又怕失去对方!

　　怪不得我听她们说话,总是觉得高深莫测。原来她们三十多年的生命中,极少有外界的事情发生,或者是发生过的事情,对她们来说,只是浮光幻影,因为她们活在一个二人紧扣的世界,操纵她们思想及生活的,全是那属于二人天地里的情操。

这个只有二人的空间，把她们压得喘不过气，但是外面的世界对她们来说，又陌生得令她们不敢进入；最糟的是，自己进退不得，却最怕对方能够突破。基于一种害怕被亲密的人遗弃的恐惧，她们是疯狂地阻止对方脱离；而努力冲脱的一方，又往往会半途而废，再次回来守护那落后的一方。

心理上的连体婴，要比生理上的连体婴更难处理。最近有报道称美洲有两个连体女孩，两个头长在一个身体上，行动十分别扭，但是姐妹二人仍然发展出两个不同性格，有不同的感觉及思维。心理上的连体，却是你我不分，想要开刀，也不知从何而割。

当然，不是所有双胞胎都有心理问题，而不是双胞胎的人，往往也会发展成这种你我不分的"连体"心态。

我常渴望，有个孪生姐妹，与我长得一模一样，与我形影相依，每次与她说话时就有如对镜子的感觉，该是多么有趣！

但是，如果这个镜中的我，变成魔影一般，要我的一举一动都得向她交待，令我每一步路都是二人三足，又该是多么的可怕！

吞 钉 的 孩 子

去年在香港所见的个案中，令我最念念不忘的，是一个十岁的小男孩。

这孩子眉目清秀，人也精灵，但是说话十分夸张。

辅导员问他："你吃过饭吗？"

他答："我吃饱了，一共吃了一部电视机及半层大厦。我尤其喜欢吃脏的东西！"

小荣荣这番话并非全假，他真的在学校课间时，吞下一枚钉子，被送院治疗。幸好那是一枚按钉，他放入口前也先把钉尖按扁，不然这个局面不知如何收拾。

荣荣身上伤痕累累，手背上更露出一个很深的疤痕，据说是母亲在切水果时不小心刺了他一刀。但是，被怀疑虐待孩子的并不是母亲，反而是那不擅说话的父亲。

不擅说话并非不说话，只是说来说去都是那几句，连声线都高低不变。荣荣的母亲口齿较为伶俐，问起这一对父母怎样处理孩子的问题，夫妇的箭头很快就指向对方。

妻子滔滔不绝地由婆媳纠纷以至与夫家三代的矛盾数起。丈夫说她不过,不停地向丈母娘"请安"。妻子称丈夫为"死佬"、"衰佬",丈夫叫妻子作"死八婆"。

两人连吵架也吵得不投机,很快就鸣金收兵,彼此不理不睬。

十岁的荣荣却把大人的怨恨及敌意全部承受下来,孩子像一头蛮牛,纠缠在父母之间。母亲骂父亲的话,他句句重复。母亲骂够了,他还不肯罢休,走到父亲面前,继续动手动脚,存心闹事。

父亲双手交叉,抱在胸前,对这儿子毫无办法,只好恐吓他说:"你再惹我,我就在人面前打你!"荣荣当然不受恐吓,反而变本加厉。

母亲喝止儿子,说:"你看,你看,为什么这样愚笨?你阿爸打你,没有人看到,而你去挑逗他,却是人人都看到。别人都说你是个坏孩子,却没有人会说你有个坏阿爸……"

母亲的话,说是叫儿子停手,效果却是恰恰相反,荣荣听了,立即就用头撞向父亲。

父亲碍于辅导员在旁观察,不能向儿子施暴力。到忍无可忍时,就用手偷偷地拧了儿子一大把。荣荣更加疯狂起来,大哭大嚷。他跑回母亲处,像个婴儿似的把头埋到母亲胸前,嚷着说:"我要报仇,我要报仇!"

母亲抱着儿子,每句安慰的话,都是大量地在孩子心中移植她对丈夫的愤恨!

这是一个完全没有自己空间的孩子,他那十岁的世界,被父母间的不满及仇恨塞得密不通风。那是一片没有希望的土地。

人人都知道父母对子女的影响重大,但是很少人留意父母的言行举止,那日以继夜不断灌输的家庭信息,才是塑造孩子性格及行为的主要动力。

妙的是,荣荣的父母都是爱儿子的人。他们对婚姻无望,两人都是为了儿子而不分手,没想到活在父母矛盾中的孩子,像个扯线木偶,一举手、一投足,都被父亲或母亲的情绪牵引。

辅导员对着这一家三口,一筹莫展。

父母唯一彼此同意的地方,就是儿子难管。他们不知道荣荣只是一头不停挣扎的受伤小动物,被困在父母关系所造成的牢狱中。

要解救荣荣,先得了解这对夫妇的婚姻状况。

提起婚姻,这个家庭立即陷入僵局,对于辅导员所谈及的婚姻之道、夫妇沟通之法,二人显得毫无反应。听得多了,丈夫就机械式地重复:"是啰,没有沟通,没有办法了!"也不知道他指的是妻子、自己,还是辅导员的一番话。

最爽快的反而是荣荣,他时不时就作旁白,对辅导员说:"你真噜苏!不知道你说些什么!"

荣荣的父亲是地盘工人,十多年前回广州找老婆,经朋友介绍,数次见面后就与现任太太成亲。

问他喜欢妻子什么地方,他说:"没有什么喜欢不喜欢,人有我有就是了。"

妻子却说:"我当时见他长得又矮又肥,不用问也知道是在香港找不到老婆,才来广州找。后来见他还算老实,也就答应嫁他。"

妻子的样貌其实不俗,丈夫却的确是肥肥矮矮,也不知道他是相形见绌,由于自卑而装出一副满不在乎的样子,还是真的不解风情。我本来是在单面玻璃镜后观察辅导员与这家人辅导的,一时好奇,也忍不住走入室内加入他们对话。

我问男人:"你娶了这般好看的妻子,如果不加珍惜,怕不怕她会跑掉?"

他胸有成竹："我不怕！一早就做了心理准备,我认识的人到大陆娶老婆,顶多三年,老婆就走了！"

如此娶妻心态,怪不得他毫不积极。

妻子说："我要走的话,年轻时就可以走,如果不是为了孩子,我可能真的跑掉了！"

丈夫继续："你虽然不走,但天天跟隔邻的三姑六婆打麻将,不是一样存而不在？"

妻子："如果你不是只听阿妈话,什么事情都不和我商量,我何须找街外人陪我？"

丈夫："想我陪你,就不会一开口就'衰佬死佬仆街佬'不停口。"

妻子："我在广州哪会讲粗口？这都是来香港后跟你学的！"

并非所有夫妻都是郎情妾意的模范。不是为爱情而建立的婚姻,仍有它自己的韧劲。荣荣的父母这种不加修饰的爽快,倒能令人耳目一新。只要他们继续直接对话,不用儿子作传声,荣荣就有机会脱离这个三角式的家庭关系。因为孩子的接受力是很高的,他们并不要求谈话优雅的父母,最怕是变成上一代的夹心人,动弹不得。

这是他们第一次没有把儿子卷入对话中,小荣荣反而平静下来,静坐一旁。

吞钉的孩子也许知道,是他那一枚化险为夷的钉子,为父母亲那水火不容的关系,制造了一个新局面。

而我却想,下次与老公吵架时,骂他一声"仆街佬"是否更痛快？

哭 泣 的 男 孩

这是一个十一岁的男孩子,被疑患上抑郁症,不时哭泣,甚至好端端上课时,也会突然哭得死去活来,一发不可收拾。

主诊的儿童精神科医生却说,小楠本身没有问题,问题出在父母的关系上。他的爸爸与另一女人同居,一周只回家一两天探望小楠兄妹二人。明显地,父亲只要孩子不要妻子,妻子天天嚷着要离婚,但转眼就是五年,一切都没有改变。

大人暧昧的关系、愤恨、绝望等,小楠全都承受下来,成为一个哭泣的孩子。

马医生说,他见了小楠四次,觉得他已经开朗起来,只是父母间的问题如果继续如此不明确,孩子很快就会打回原形。因此,马医生要求小楠父母一起接受家庭治疗。

约见那天,不见父亲,只有母亲照旧带着小楠前来。落寞的妈妈,带着落寞的儿子。

我们商量了好久,不知道是否要见他们母子二人。见的话,没有父亲在场,一不小心就会把儿子补上父亲的位置。只是他们来了老半天,不见的话,又好像有点不近人情。

结果我们决定,由辅导员见小楠,向他解释问题不在他身上,这次会面是特别为他父母而设的,让他不要再把自己当作"病人";并且给他一个表达自己意见的机会。

没想到小楠随辅导员入室后,没精打采,一脸觍觍,头低垂在胸口,问一句答一句。辅导员问起他的父母,他就以牛一般的低音说:"这个问题可不可以迟些才回答?"

辅导员没有办法,唯有不停地鼓励他说话。我在单面玻璃镜后传话给她说:"这孩子不想谈父母的事,不要逼他;不如暂时转换话题,让他放松一下。"

于是辅导员向他介绍玻璃镜后观察他们谈话的人,并告诉他:"马医生也在后面。"

小楠听到马医生的名字,突然有了强烈反应,不住说:"假的,假的!"

不知道他是指马医生不会在后面观察,还是另有所指。马医生向我们解释,他本来告诉小楠,自己将会调职他往,所以要把这个个案转给别人处理,并且一早已向小楠母子告别。没想到他的调职安排暂时被搁置。小楠在会客室见到马医生时,以为他先前说要离去是找借口,故意骗他的。

一个父亲离家而去的孩子,对于"被抛弃"的感觉特别敏锐,马医生的离职,对他来说,是另一次被他所信赖的人抛弃,怪不得他听到马医生的名字,立即产生一股愤怒。

辅导员很明白这小男孩的心事,对他说:"马医生真的在镜后,不信的话,你可以走到镜前敲一下,他就会回答你。"

小楠说:"他说过要走的!"

辅导员:"他没有走,如果你觉得他说谎骗你,你就大声要他出来向你解释。"

男孩不语,眼睛向镜子方向扫过,别转身来,一脸委屈之情,无奈中却带着一份期待。

辅导员鼓励他说:"这是一面魔镜,你只要去敲敲,马医生就会出来。"

小楠说:"那怎么会是魔镜!"

但是他却不期然地向镜子走去,独个儿站在镜前良久。我们在镜后,看着他的面部表情,由于近距离而变成一个大特写:毫无表情的面孔,黑黑实实,剪上平头装,应该是个活泼健康的男孩,只是一双圆眼睛充满哀愁。我们都被他那一股哀愁感染,一镜之隔,镜后的成人与镜前的孩子一样无助,凝结在同一空间里。

孩子的悲哀,成年人往往很难察觉。

成人给予孩子的失望,孩子往往要无声吞下。

在这一刻,我们镜后的一群儿童专家与顾问,都深深地被笼罩在一个孩子的彷徨中。

小楠瞪着镜子动也不动,弯起一只食指,等了老半天,才轻轻地弹了玻璃镜一下,轻得站在他后面的辅导员全不发觉,于是她继续说:"你敲吧! 马医生正在等你叫他出来。"

小楠轻声说:"敲过了!"

辅导员说:"你要敲得响一点,因为大人往往是聋的,听不到小孩子的声音。"

小楠又再提起手指,迟疑了一会,终于用力敲下去。

马医生立即回应,走入邻室。小楠没有转身,眼睛从镜中望见他身后的马医生,面孔立即明亮起来。

马医生期期艾艾,解释自己仍然留职的原因,结论是:大人与小孩子一样,往往身不由己。

小楠不再计较,自然地坐到马医生身旁。忧郁的小男孩,一下子就活泼起来。然后两个一大一小的男士,完全不用眼神交流,却能说到天南地北,十分感人。

我们也舒了口气,为孩子高兴。

马医生却愁眉苦脸,他知道孩子对他有好感,把他当作父亲,但他终有离去的时候,小楠对他愈依附,就将会愈失望。

这也是一个儿童治疗师的悲哀,因为无论你多成功地化解了一个孩子的苦恼,如果没有父母参与,孩子的苦恼一样挥不去。马医生的成功,只会替小楠带来多一次失望。除非他可以把他的教子心得成功地传授给小楠爸爸,让真正的父亲取回他在儿子心中的位置。

讨论这个案时,我取笑马医生说:"如果你想脱身,就得赶快把小楠的父亲找来!"

婚姻失败的夫妇,其实一样可以成功地当父母,只是他们被困在彼此的怨恨中,不但没有尽父母的责任,反而往往由孩子去保护他们。

小楠拉着母亲的手离开诊所,他说:"妈妈很少出门,我怕她摸不清哪个车站下车,一定要陪她来!"

这是一个忠于家庭的乖孩子,他的哭泣,也是母亲的哭泣。马医生不知要费多少气力才可以把小楠从父母的死结中拉出来,让小楠与父亲建立一个健康的父子关系。

而玻璃镜前那无所适从的小孩面孔,那惹人怜的大特写,是所有来自破碎家庭的孩子的一个写照。

"坐屎监"

这是一个十五岁的青少年，说小不小，说大不大，一个尴尬的年龄，一个极尴尬的大男孩。

他坐在一张沙发上，瘦长的手脚显得更瘦长，四肢不知放在哪儿才妥当。挣扎了一会，他干脆双手盘着膝盖而坐。

社工说，这青年每到上课时就闹拉肚子，一闹就闹了四个月，医生说他肠胃并没有问题，但是他已经四个月没有上学。期考在即，连他自己都说着急，只是肚子不争气。

渐渐地，他连家门也不出，唯恐拉起屎来，在街上找不到厕所。

母亲为他担忧，把工作也辞掉，专心守着儿子。

主诊的朱医生问母亲说："他每次拉屎都让你知道吗？"

母亲答："他每次都告诉我的。"

朱医生又问："你要随他入厕所吗？"

母亲说："我不进去，只在门外等，为他涂药油。"

朱医生："你会进去看看他拉出来的屎吗？"

母亲十分负责地说："有时会去看的！"

这是一个被屎困扰着的青年人，不单他自己被困，连他的母亲也随他一起"坐屎监"。

青年人面色苍白,毫无朝气。母亲心中焦急,很自然地就把他当作病人看待。

这一类的青年问题很多,我前一周就见到一个,也是十多岁的男孩,毫无生理毛病,但是他每到上学就会晕倒。到下课时才会醒来,这男孩也有一位终日守望着他的母亲,认为他中了邪。父亲却说,如果真是中邪,中的必然是怕上学的小鬼的邪。

为什么这些如日方升的青少年,会在上课时产生如此古怪的病征?

这真是个有趣的问题,明显地,他们对上课这一回事,没有太大兴趣。但这并不等于他们懒惰,要长时间地天天晕倒或不断上厕,实在也不是易事,甚至需要大费周章。

因此说他们懒,不如说他们精神上有困扰。这些青年,很多都是在家中备受保护的动物,遇到外面世界的问题,很容易就找到足不出户的理由。在真真假假的下意识或潜意识作用下,常会产生一些莫名其妙的病态。

要处理这种心理病,最好观察他们与家人的互相行动,例如那个不断晕倒的青年,他的眼睛离不开母亲,每句说话只说一半或干脆不说,母亲都会为他把话说完,表达妥当。

这是一种互相"训练",他愈不说话,母亲愈为他说话;母亲愈为他说话,他愈不说话。十多岁的热血青年变成一个依附母亲的小孩子。在外面世界稍遇困难,自然就会设法回到母亲怀中,而母亲,往往也留恋哺育婴儿的时刻。

有些家庭治疗学者认为,很多心理问题皆出于个人的发展阶段,与家庭的发展阶段不能配合。尤其青少年时期,家庭的成长往往比孩子的成长来得慢。孩子十五岁,父母仍会把他当作十岁孩子。在家里不能获得与自己年龄相称的待遇,就会没有能力或活力应付外边世界的压力。

尤其是在身体不适的情况下,像这个上课时闹拉肚子的青年,一脸病容,母亲问长问短,多月来母子相依,话题都只集中在青年的肚子及拉出来的屎上。

朱医生按部就班,把母子的谈话由小孩式的对话,慢慢带到成人式的交谈。

他十分仔细地询问青年人每次肚子痛时,母亲会为他做些什么事,要不要替他拭屁股,要不要代他冲厕所。有时故作惊讶之态说:"是吗?他十五岁,仍然要为他换裤子吗?"

青年人愈听愈不是味道,本来一派病态地靠在沙发上,愈来愈坐得挺起来。他不介意别人说他有病,但是绝对介意别人说他是个离不开母亲的小男孩。

朱医生对少年说:"有时心理上的压力,也可以造成肠胃上的问题,你在学校的压力大吗?"这次他认真地回答:"功课的确很多,而且同学间的竞争也很强,压力是大的。"

一个少年的学生生活,其实并不容易,除了功课的紧张,还有交友的困难,人际关系的种种怅惘。这位身形高瘦的大孩子一脸觍觍,分明不是个爱交际的人。

爱护孩子的母亲懂得照顾他的肚子,却无法理解一个青年人学校生活的苦恼。因此她辞工回家去看守儿子,不单对他的病情无补于事,反而为他制造一个令他过于倚赖的环境。

朱医生又问他:"你这样需要母亲,将来岂不是要带着她上学?"

大孩子开始作出反应,说:"我其实可以照顾自己的!"

母亲不解，说："你如果懂得照顾自己，就不会弄到这样！"

原来母亲对儿子平时看管得很紧，怕他学坏，因此并不鼓励他交朋友。这一个孤独的青年，家中还有一个妹妹，但是兄妹二人很少交谈，父亲早出晚归，与儿子距离很远。一家四口关系疏离，观察儿子的一举一动，便成为母亲的"事业"。

可惜的是：这一把小年纪，就为屎所困，而且同时要与母亲困在一起，更难学习如何长大。

因此治疗者故意刺激他的不满之情，对青年说："我知道你学校生活中有很多困难，但是你这种'坐屎监'的方式，将会令你更难面对上学的困难。如果你真的要选择困在屎中，最低限度不要与母亲同困。"

青年人以微小得听不到的声音，对母亲说："让我处理自己的问题吧！"

他的声音慢慢提高，到后来，从沙发椅上站起来，手脚向四方伸展，象征自己要挣脱牢狱。

他说："我想与朋友去踢球！"

母亲望着高大的儿子，久久不语。

一个母亲的悲哀，就是要接受儿子不再依赖自己。

一个母亲的智慧，就是明知孩子会跌跤，都要让他找寻自己的道路，因为她知道，一不小心，母亲就会变成孩子的牢笼。

邻 居 的 故 事

长方形的餐桌上，铺上手绣的通花白麻台布，上面八份图案不同的古董餐具，是主人历年来精心在各地搜购而凑成的一套精品。近百年的德国名瓷，围着餐桌中心一个盛着水的水晶盆，盆中浮着鲜花及八朵燃亮着的小蜡烛花。

宴会的女主人，穿着一件式样简单的窄身黑裙，短发紧贴在额前，白皙的脸蛋，鲜红的嘴唇，二十世纪三十年代的打扮，亭亭玉立于一所二十一世纪的厅堂。

我最喜欢到珍妮家作客，每顿饭都是一台大制作。除了饮食讲究，客人也是集天下大成，四对夫妇，两个意大利人、两个捷克人、两个爱尔兰人、两个中国人。

八人共桌，其中有三人是精神科医生，两人是心理学家，一人是工程师，一人是艺术家，一人是家庭主妇。

在这充满意大利罗曼蒂克色彩的气氛中，他们却是集中在愈谈愈来气的一个共同话题：该死的邻居！（The Damned Neighbours!）

珍妮的房子四周甚多草木，与最接近的邻居也有一条跑道的距离。问题就出在这跑道：一条马路令两家遥遥相对，监视着彼此的一举一动。

珍妮说:"我每次开车经过这条共用的跑道,就觉得有一对眼睛从对面房子的窗帘后面向我射来!那天因为要把车子调头,正在费劲,冷不防对房的太太走出来向我大骂,说我把她的头弄得团团转。天下哪有这样不讲理的邻居!"

珍妮的丈夫沙华也说:"他们把门前剪掉的草,一袋袋放到我们这一边来。那天我气起来,在他们上班前,也一袋袋搬到他们的跑道上,塞着他们车子的去处。"

沙华愈说愈兴奋,酒过三巡,一时间,全部恨意都投射在邻居身上。

北美洲地大物博,人人都有适当的空间,妙的是,空间愈多,就愈要保卫自己的界线。因此邻人往往成为敌人——有意无意地老是侵占我们的天地!

人人都有一个邻居的故事!

雅奴说:"你知道吗?我最最生气的是,邻居总是把车子停在我们门前马路上,他为什么不停在自己门前的马路上,而一定要停到我这一边来?真是气人!"

他的太太玛莉也说:"我们搬到这房子五年,他们就在我们门前泊车五年,这习惯恐怕至死不变。"

保罗答腔:"你们应该在屋子里放置一把长枪,专门用来射击邻居车胎的。"

保罗是多伦多一家医院精神科部门的主管,他特别为我们提供了很多对付可恶邻人的良方。

对策之一,邻人可恶,你就得比他更可恶。

例如:如果对方老在窗后向你那一方监视,你就干脆打开门户,对准方向故作暴露狂之状,裸露狂是邻人的大忌。

如果因为父母同住之故，你不想祖露自己的身体发肤，大可以退为进，四处扬言释囚辅导会要租用你的房子，作为杀人犯的中途之家（Half Way House）。这消息一传出去，心脏有问题的邻居，如果没有被吓死，也一定会卖屋而逃。

保罗的妻子是家庭主妇，她说，三年前搬到现住的房子，苦心经营后园，把一片荒地变成一座英国式的花园，四处长满鲜花绿草，引来各式彩鸟。

一天，她站在园子里欣赏自己这几年来的精心杰作，突然发觉邻居在两屋后园交界之处树立了一个篮球网，三四个小童正在练习抛球，球球都有可能落在保罗太太的花丛中。

她说："我瞪起怪眼望着他们不动，等着他们的球撞落我的花，我便飞身扑上去扭断他们的脖子！"

一向温和高贵的保罗太太，原来也是有一双怪眼的可怕邻居，可见毗邻而居有多困难。外国人说你的家就是你的城堡（Your Home Is Your Castle），但是保卫这座堡垒谈何容易，连保罗大夫那连篇妙计，用在他自己身上竟然也毫无作用。他说，三年前遇上恶邻，马上贱价卖掉房子搬家，但是英国式的花园是需要长时间栽培而成的，这次总不能把花园也搬走！

保罗太太说，自从有个美丽的花园后，发觉四周邻居的孩子特别多，大小年龄数来竟有八九个。

套用保罗先生的治邻良方，我们提议他到医院去找几个患有"恋童癖"（Pedolphile）的病人回家，他们专捉孩子为乐，包管四周邻里不得安宁。

圣经说，要爱你的邻人！但是邻人实在不是可爱的东西。他们侵占你的空间、扰乱你的逻辑、打破你宁静的美梦,把你那君子淑女仪表下的每一分恶意和仇恨,全都挑起来,让你想杀人!

我以前辅导过一对夫妇:丈夫为邻居的一棵树疯狂,他连做梦都看到邻人的树越墙而入,逢人都诉说"我邻居的树"(My Neighbour's Tree),结果不但弄到自己神经衰弱,友叛亲离,连婚姻都几乎保不住。

邻人之患,是文明社会的副产品。

我们的家园,是我们唯一的避难之处,是我们唯一可以称皇称帝、尽量发挥控制欲的天地,偏有不知好歹的左邻右里,像野犬般向你的梦想撒尿,哪有令你不发狂之理!

珍妮的房子布置得十全十美,充满着意大利祖家那橘红色的泥土气息,为了要在这雪国生根,我们必须全力保护自己名下那数千尺、数百尺甚至数十尺的空间,这是一种移民心态。

八朵小蜡烛花烧尽,蜡炬成灰,我们仍有说不完的邻居故事。

而我们八个不同国籍的人,竟因为一个共同的故事,变得分外亲切。

天下一家,唯一的敌人竟是我们的邻人!

打 老 婆 的 男 人

同学打电话向我求救,他说:"我正与一对夫妇见面,男的是出名的打老婆,像个随时要爆发的炸弹,正在大吵大嚷;老婆躲在椅背后,一句话都不说。我毫无办法,能不能请你见他们一次?"

说来就来,当天晚上,同学就带这一对夫妇前来诊所找我;还有一个五岁的女儿,长得十分可爱,只是神情紧张,如同惊弓之鸟,不断打量着父母的一举一动。

我问小女孩:"你父母如此吵闹,有没有把你吓着?"

女孩不语,瞪大眼睛望我,然后慢慢点头。

母亲代答:"我女儿最怕爸爸大声骂人,她常对我说:'我们不如偷偷跑掉,找个和气的爸爸去。'"

父亲却说:"我其实并不常骂人,只是有时她们把我气得忍无可忍,才会爆发一次,打人的时候更少,都不是故意的……"

这是一个典型的暴力家庭,男女双方都认定是对方不妥,尤其是打人的一方,总是对自己的暴行轻描淡写,只强调被打的该打,才导致自己打人。

因此,我也刻意强调丈夫的虐妻行为。我问女的:"他打过你多少次？打得有多厉害？"

女的说："前前后后有几十次，严重的一次，把我耳膜也打破了，住了好一阵医院。"

我对男的说："把她打成这样还说不是故意，你从哪里学来这样以拳头对付妻子？"

男的争着为自己辩护，他说："我其实是个爱护家庭的人，只是她对我毫不谅解，动不动就带着女儿离家出走，有时她们好几天都不回来，我急得像热锅上的蚂蚁，说她不过，才收不住手……"

我说："无论她有多错，你都不能动手打人！"

我们这一番谈话，其实是一种对打老婆男人典型的辅导方式。处理这种夫妇双方权力缺乏平衡的暴力家庭，辅导者往往要扮演一种法官的角色，为弱小的一方打气。

只是，夫妻间的权力平衡和控制，往往是微妙而复杂的，好像一场探戈舞蹈，每人的步法，其实都是紧紧地被对方的脚步扣住，互相拖动，彼此穿插。

就像这一对夫妻，男的虽然长得高大威猛，但是对着妻子的消极抗拒，却是全无办法。妻子虽然貌似弱者，但是却明显地知道怎样去打击丈夫的要害，她的不理不睬，足够把无法应付的丈夫变成发狂的野兽。

但是，无论如何，打人的一方终归是理亏的。

我问男人："你知道吗？你打伤的不单是妻子，而且是整段婚姻。如果你真的不想放弃家庭，就得想办法向妻子求和。"

问题是，丈夫和妻子两人都只是与我说话，要他们互相交谈，立即成僵局。

妻子说："他每次求和，过后都是照样打人，我再也不相信他！"

丈夫说:"她完全不肯给我机会,只会逼我行凶!"

我说:"那么,你们为什么还要继续在一起?"

两人不语,整个气氛充满敌意和怨恨。幸好我一早把小女儿叫出房外,免得孩子难受。只是,拥有如此夫妇关系的父母,女儿一定已经习惯了他们之间的矛盾。明显地,母亲是那样熟练地把女儿卷入夫妻的战场。

很多人认为男人打女人纯粹是强欺弱的行为,是一种性别不平等的社会问题。时下很多专业的处理方式,都是把有关夫妇分开辅导,让男的学习怎样自我控制,女的增强自我意识,不要再容忍丈夫的蛮横。乍眼看来这种处理好像很有道理,但是大部分的婚姻问题,都是基于夫妇相处的磨擦,矛盾相依,无论个别的辅导有多成功,两人走在一起很快又再回复本来面目。

因此,当我问他们为什么要继续在一起,我并不是示意他们离婚,那只是一个实际问题,因为如果他们已经无意继续,又何必互相指责? 应该在以伤害对方最少的大前提下解决一段再也不想留恋的婚姻。但是,如果他们仍然不想分手,就得设法改变现有的相处形式。

丈夫望望妻子,似在等她表态,妻子却垂头不语,好像并不关心这个切身问题。

男人看来又要发作,结结巴巴地说:"我一生最珍惜自己的妻女,维持这个家庭是我唯一的愿望,我当然不想散。"

我支持他说:"不想散,就得设法把妻子挽回,问她是否愿意再给你一次机会。如果她已经心死,你想不散也不成。"

我说来说去,都是希望这对夫妇互相面对,学习怎样交谈。只是,我费尽心思,他们都只肯对我说话,大部分时间连眼梢也不望对方。

这个打老婆的男人此时已是火气尽消，一点都不像个暴夫，反而像个不擅辞令的小男人，面对妻子的冷漠无计可施。

我问他："你以前怎样向太太求婚的？"

他摇摇头："没有求婚，是她自己要嫁我的！"

这才发觉，这男人的妻子并非毫无主意；相反地，她对丈夫的工作选择，以至生活方式，都有一定意见。

她的沉默是对他的一种最大惩罚。

男的说："我给你送花，你说我浪费；我给你买糖，你又说坏牙，我不知道怎样对你才好。"

女的说："你万事不与我商量，一切只是自己决定……"

用尽九牛二虎之力，他们终于开始对话。

丈夫说："我答应以后不再打你，但是你千万不要再带着女儿不辞而去，你最少也要留张字条，让我安心。你知道，我见不到你们立即就会发狂。"

妻子说："你不打人，我当然不会带着女儿出走！"

我看这男人倒有诚意，能不能办到是另一回事，女人却好像有点敷衍。而我知道，如果没有她的支持，他必定一败涂地。

果然，一个星期后，同学告诉我，男人又再闹事。这次，他倒没有动手打人，只是大吵大闹，把妻子及女儿吓得反锁于房中，不敢出门。

原来夫妻二人早已分房，妻子把杂物堆在房间外的走廊上，丈夫就为这一堆垃圾气得破口大骂。

同学是位谦谦君子，凡事讲理，无法与这个以拳头及嗓子解决家庭问题的粗汉沟通。

我却有点为男人可惜，他的暴力我们当然不能接受，但是暴力背后，躲藏着的却是一个无助的婴孩；他无法处理被妻子拒绝的悲恸情怀，可是又答应了不能打人，只有放声狂叫，骂的是垃圾，悲哀的却是一段不能放弃却又无法挽救的婚姻。

跪 池

看昆剧《狮吼记》的一段"跪池",描写苏东坡与好友陈季常携妓春游,被季常妻子柳氏知悉,罚老公跪对荷池。

苏东坡看不过眼,对柳氏晓以妇道,并说她没有所出,应让丈夫纳妾,成其美事。

柳氏一气之下,拿着棍子向苏老追打,一代才人慌张无比地抱首而逃。

这一幕宋代故事在二十一世纪演出,一样大快人心。

苏东坡的诗词气吞斗牛,好一阕"大江东去,浪淘尽,千古风流人物",何以弄得如此狼狈?这个故事的教训之一,就是叫人不要多管闲事,尤其是别人的家事。

教训之二,就是不管多封建的制度下,女人只要够凶、够狠,一样可以八面威风。一声狮吼,就吓得丈夫与自以为是的苏老才子同时浑身打颤。

上述说的当然只是一个笑话,但是我常觉得,中国妇女颇有突出之处,不像西方"妇解"人士所形容的那样全无反抗能力,或像瓷器娃娃一样,一击即碎。

尤其在中国舞台上，戏曲中所描写的女性，大多三贞九烈，进退有度，不但出得厅堂，更上得战场。相比之下，她们的男人反而显得贪生怕死。在紧张关头，总是躲在女人裙下，哀求："娘子救我！"

　　怪不得曹雪芹认为男人都是臭皮囊，只有女人才是冰肌玉骨。这种"大女人"的看法，当然十分片面。但是，试想在一个重男轻女的传统制度下，古往今来竟然有数之不尽的女中豪杰，可见中国女性并非等闲之辈。

　　我们的姐妹、母亲、祖母，以及她们的姐妹、母亲及祖母，当中绝不缺乏充满生命力和斗志的佼佼者。这并没有否定在封建礼教旧社会中，曾经牺牲过的许多女性，我只是要证明，我国的女性形象，绝对不仅是柔弱无助。

　　但是，个性强的妻子，往往会有一个内向的丈夫，这是一个十分奇怪的现象。

　　我在一家儿童精神科医院担任顾问工作，发觉大部分儿童的精神问题，都是反映父母间关系的不协调，连这些父母自己都明白孩子的病因，既然如此，他们理应设法解决婚姻上的危机。可惜的是，这些夫妇找到孩子问题的根源后，更是无从入手！

　　最常见的一个形式是，妻子有百般苛求，丈夫却以不声不响消极抵抗；妻子说话愈伶俐，丈夫的舌头愈是打结。

　　最糟的是，女的独自参加很多婚姻讲座或亲子课程之类，在没有受过训练的丈夫面前大抛书包。女的愈有专家支持，男的愈更退缩。

　　我常对主持家庭生活讲座的朋友开玩笑："你们在招收会员时，应该在宣传单上像香烟广告般提出警告：'女士们独自前来参加，当有影响婚姻之危险！'"

因为个人的知识，有时会成为夫妇政治的一种武器。

小嘉嘉的父母就是一个例子。

嘉嘉八岁，被形容为高度活跃，对学校一点兴趣都没有，与书本更是无缘的小孩。母亲天天陪他温习，她愈努力，他愈散漫。到后来，母子两人缠得一塌糊涂，也不知道是小嘉嘉读书，还是母亲读书。

父亲看在眼中，明知妻子过于紧张，却不肯多言。因为他知道要参与教子，就得与妻子对抗，这是他绝对没有把握的一回事。

在辅导员的鼓励下，丈夫勉为其难，结结巴巴地向妻子提出建议，叫她放松。

妻子舌剑唇枪，拿出一本本教子方程式，讥笑丈夫不看书何来有教子之方？

不擅言辞的男人毫无反驳能力，只好沉默。

而他的沉默，却是妻子的致命心结。满腔话语无从倾诉，便只有将全部心思放在儿子身上。儿子无心向学，其实助了父亲一臂之力，自己成了母亲的伴，好让父亲继续过不用向妻子负责的单身生活。

这种"孩子救父"的例子甚多。归根究底，它所反映的是一种男女两性发展的不平衡。

女性扮演的角色愈来愈多姿多彩，对婚姻有一定的要求，再也不像上一代母亲那样容易接受低素质的婚姻生活，相反地，男性却往往对男女性别的角色带着传统的价值观，他们无法应付妻子的种种要求，又不擅于争吵，发觉一开口便占下风，沉默便成为他们唯一的武器，也是对妻子最大的报复。

一位在中国工作多年的社会学家 Debra Davies，在她的一项比较上海及香港两地家庭生活的研究中，发觉上海中、小学女孩的成绩都比男孩的出色得多。如果以公平竞争的考试制度编排入学，将来大学及高中都少有男子的份儿。因此，国内只有实行男与男争，女与女争的分开性别入学考试，才能保证男女有相等的入学比例。

Davies又指出，虽然中国有很多杀女婴的例子，但是与一般美洲城市比较，上海男女两性无论在学业或事业上的竞争机会都更为均等。

只是学业或事业的成就，并不等于婚姻或恋爱的成就。如果中国戏曲中所形容的某些窝囊男子形象真的代表部分男人心态，那么女性的前进，将会更显出男性的停顿。

因为近代女性所接受的新知识很多，尤其有关性别角色的扩展，加上五千年来的经验把她们训练得能屈能伸，办事快捷妥当；男性却在能干的母亲保护下成长，对外界的压力，尤其人际间的压力，不擅应付，于是可避则避。他们无法明了为什么上一代的父亲可以高枕无忧，而自己却要处理妻儿和日常生活的种种烦恼。

如果男女性别发展继续如此不配合，我们的下一代，将会有更多人过着"有家无室"的婚姻生活。

嘉嘉的母亲对丈夫说："我们结婚十年，你是个单身丈夫，我是个单亲妈妈！"

丈夫双手抱胸，一方面同意妻子的话，一方面却恨她咄咄逼人。他一动也不动，心中盘算着怎样逃出这个僵局。

小嘉嘉在室内东蹦西跳，千方百计地转移父母的视线，为他们减压。

新春谈死

下班回家,满脑子工作计划和安排,突然收到电话,我侄儿去世了。

没有准备、没有安排,这个消息我无法接受!

独个儿呆坐。侄儿与我同年,我们一向像姐弟,一同长大,一同分忧,他没有可能突然逝去。

我无法接触自己的感觉,脑子麻木得很,零散地浮现着一些过去的影像;那年我往台湾升学,侄儿渴望与我同往,但是他没有考上学校。来送我上船时,船逐渐开走,那留在岸上的少年,竟是如斯落寞;而我,至今仍记着他的失落!

记忆回到更早,那年父亲去世,迷失在一堆扰攘的大人当中,两个孩子自然地向彼此伸手,我们就是那样手拉着手一同度过我生命中的一个大难关。

不知道是何人作弄,我生命中的至爱,总是那么莫名其妙地突然被攫走。父亲只病了一天;母亲突然倒下;而侄儿,活生生的一个人,半天内就不复存在!

一生的理想、挣扎、计划、安排、得与失,一下子便灰飞烟灭,一下子便再也不重要!

我仍然呆坐。他们每个人的离去,都剥夺我生命的一部分,使我支离破碎。

只是我不明白,既然不能接受已经发生的事实,为什么却感到自己的一部分已经随着死去。

那年回港,第一件事就是为医管局主办一个为期两日的讲座——"如何协助弥留病人的家庭面对危机",想不到这重担子立刻就落在自己身上。

当时那个讲座的题目,的确勾起很多切身感受,令我十分伤感。想起一生中失去的亲人,便怀着日后不知再要失去哪些亲人的恐惧,更加明白哲学家尼采之言:"人生下来,就是怀着死亡的焦虑。"

死是铁一般的事实。从生理角度而言,生死是界限分明;但是从感觉而论,生与死是互相重叠的。死的固定是生的不固定;死的铁证是生的无依。

年幼时在父亲的祭堂前守灵,穿着一身麻衣,听着和尚诵经。当时那一股陌生而无助的感觉,我以为长大后就有办法把它控制,没想到年长后,那种感觉更因为情况不断重演而愈更熟悉,愈更无奈。

记得父亲祭堂前挂着一对挽联:"且向不生求不死,还从如去见如来。"

守灵时,我眼睛不断地盯着这对挽联,心中把它念了一万次,只是至今仍不明白,如何从不生求不死?分明是去了,又怎样当是来?

这个儿时疑问,一直没有解答。

只是,我知道,父亲至今依然没有消失。在我的梦境中,他仍是活生生地住在故居。每次梦醒迷糊时,我会十分释然地安慰自己:"看!他并没有死去,那消息是假的!"

母亲病逝的消息,由电话隔洋传来。那是春天的早晨,园子里充满早春的小白花,我却被一阵哀伤笼罩,对自己说:"从此我就是一个孤儿了!"

如何处理死亡?我那为期两天的讲座,勾起参加者不少新愁旧怀,彼此泪眼相对。问题是,这不是一个专业人士远观他人挣扎的情况,而是我们人人身处其中,一个无法逃避的过程,只是处理方式因人而异。

死终归是死,无论怎样包装或粉饰,都是一个终结。无论身体在火中燃烧,或在黑暗中腐化,都是给生者留下一番苦涩,一种啼笑皆非。

有人美化死亡,从死中看到天堂,嗅到花香;有人较量死亡,猝死胜于长病,或一睡不醒是好死;又有人视死如归,为这生的悲剧加添一番意义。

记得一次在纽约看家庭治疗师 Peggy Papp 做治疗工作,她面对着一对夫妇,他们的小女儿患有重病,忧心的父母谈起家中的情形来,却发现原来两人各自的家族中都死了很多近亲。谈起"死的人多"的现象,夫妻禁不住笑了起来。

当时,另一位在单面镜后观察的治疗家对 Peggy 说:"这一家人谈起死竟然笑嘻嘻的,表情与说话内容毫不配合,你为什么没有加以纠正?"

Peggy 答:"我不知道什么是处理死亡的最佳办法,能够笑着谈死,又有何不可?"

当时我想,Peggy 必定对死亡有深切的体会,才能作出如此有深度的回答。后来才知道,她的儿子刚刚因为艾滋病去世。

人要有切肤之痛才明白很多话最好不说,很多事会愈帮愈忙。最苦恼的莫如碰上道行不深的辅导员,凭着辅导指南向你大篇说理,"好意"地侵犯你的悲哀。

这一股悲哀,我们有时需要特别珍藏。心爱的人去了,化成灰,变成泥土,我们的悲哀,是一种维持他们活着的方法。这股悲哀会冲淡、会深藏,但永远不会消失。

这股悲哀,也提高我们对生的醒觉,让我们珍惜活着的时刻和活着的人。

在这新春时分,一切都是喜气洋洋、万象更新。而我的生,却被死烘得透彻玲珑。

我对八十多岁的婆婆说:"你要答应我,三年内一定不能死!"

婆婆笑说:"好,我答应你,三年不死就是!"

我多渴望,可以与死亡讨价还价。

目 连 救 母

这几年来外出讲学，最似曾相识的，莫如我所见到的三个台湾家庭。

第一天初到贵境，去参观当地一个治疗示范，会诊的家庭有父母儿媳四人，儿子已经三十多岁，而且将为人父，但是他的谈话内容，全部集中在父母身上。

儿子自十多岁起，就出入于精神病院。他说，他十八岁那年开始发病，正是他父母婚姻出现问题的那一年。

这个个案最有趣的地方，是主诊医生还没有说话，父母及儿子三人就不停地自作诊断，而且三人都同意儿子发病是基于父母不和。事实上，夫妻二人已经很久不肯交谈，儿子坐在父母中间，不断地为他们调停。

母亲是悲哀而绝望，她说，自己的父母也是婚姻破裂，她从小就立下大志，决心要维持一段好姻缘，没想到事与愿违，没法为儿子提供一个美满家庭。

她的哀伤是那样深，但是她的丈夫面无表情，正襟而坐，眼睛合起来，明显地在抗拒妻子那不断的投诉。

成人的儿子却像个十岁的小男孩，不停地做出各种动作去引逗父母二人谈话。

据说他这次入院之前，不知何故，拿着被铺从妻子房中走到母亲床前睡下，母亲从床上起来不断地祈祷，父亲就破口大骂。奇怪的是没有人留意儿子这种行径实在古怪，反而是争辩着他睡在地上会不会着凉。

这明显地是个恋母的孩子，他的眼睛只看着母亲。他是为了要守护母亲而病。

他的一言一行，每一个眼神，每一句话语，弗洛伊德再生都没法写出一个比他更典型的恋母样本。

没想到第二天，主办单位安排我会见的家庭，又是一个恋母的青年。

这青年只有二十二岁，也是个精神病院的常客。问他为什么发病：他说，因为没有一个温暖的家！

他不断描述童年的一次经历，当时父母亲在吵骂，还摔了一地玻璃，他不停地哭泣，姐姐却不停地笑。

另一次经历，是他五岁左右，父亲替他洗澡，洗了一半就走开了，青年至今仍是念念不忘父亲那"未完成的洗澡"！

我问他说："二十多岁的青年人，大多把兴趣放在外面的世界，为什么你每一桩事都是集中在父母身上，而且尽是过去的回忆？"

他没有回答我，反而继续陈述他母亲的生活有多苦恼，多么没有被人谅解。

母亲忍不住问他："那么你为什么时常在家向我发脾气？"

他说："你知道我为什么要发脾气吗？我看你天天用刀切大量的菜和肉，弄得手掌手心都长满水泡，怎能不心痛？"

原来这也是个眼睛只看母亲的青年。

他的姐姐已经离家十年，刚从美国返家，但是弟弟对姐姐的说话，一点也提不起兴趣，他的心只瞧着母亲。

姐姐问他："你自小要风得风，要雨得雨，他们只知道宠你，你还有什么不满意的地方？"

姐姐不知道，弟弟最关心及最不满意的地方，并不只是自己，而是母亲那缺乏满足感的婚姻，以及母亲的落寞。

他与上个例子中的青年一样，不知不觉地负上拯救母亲于不幸婚姻中的使命，陪伴母亲成为他的终身事业。

在旁观看的父亲对他说："我们夫妻不和，已是几十年的事，用不着你操心，你管好自己的事就好了。"

母亲也说："你不用管我的事，只需要对自己负责！"

青年却说："我曾到庙里去求签，签上说，我要把生命中三分之一的时间，还给父母！"

我问："够了吗？够时间了吗？"

他说："够了，刚刚够了，我再不放下他们，一辈子都没有机会长大了。"

话虽如此，青年人的眼神，依然是只有在听母亲说话时才发亮起来，他说"他们"，但是我总觉得他指的只是母亲，我不知道他什么时候才真的能把母亲放下。

我正想，怎么台湾那么多爱母亲的孩子，而且他们的表达能力都特别强，充满情感的流露，毫无修饰，真的是一片赤子之心。

没想下一个家庭，又是一个离不开母亲的青年人。这位母亲已经与丈夫分离，但是有暴力倾向的丈夫仍不时给她麻烦，已经上大学的儿子便成为母亲的保护人，一步也不肯离开。

母亲说："我儿子是一张白纸，什么都没有写上。"

我却说："不是的，你儿子的白纸上，写满着两个字：妈妈，妈妈，妈妈……"

写满着母亲字样的纸，容不下别的文字！

母慈子孝，是我国一个根深蒂固的传统与价值观，谁敢挑战这个深受维护的天经地义？

最近看中国戏曲，看到《目连救母》一段，使我茅塞顿开，更加明白这传统心态的潜移默化。

目连患上重病，只有吃狗肉才能康复，守斋的母亲救子心切，为儿子而破戒。目连痊愈后，恨母亲破坏了自己的斋戒，离家当和尚去了。

但是当他知道母亲为了破斋戒而被捉入地府折磨时，目连便抛下袈裟，赶到地狱救母。

后来上天要封赏目连为忠孝天神，母亲却因杀狗而被罚变成一头狗。目连愤然谢绝封赏，抱着变了狗的母亲，只说：我要陪妈去！

这个古老的故事，充满母子情结（Oedipus Complex）。在那歌颂"世上最难得是母子情"之余，母子的结也缚得紧而又紧。

从弗洛伊德的心理分析看《目连救母》，这母子关系是有趣的暧昧，母亲竟是第一个为儿子破斋戒的人。儿子也因而走入了空门，即为了母亲而从此不近女色。在母亲临危时，冒死搭救，到最后，母子再也不分离。

上述三个个案，其实都是不同版本的《目连救母》！

目连是母亲心中忠孝的象征，一个理想的儿子。只是目连救母，谁救目连？

珍 惜 你 的 本 命 花

台湾的朋友告诉我,当地有一种很有趣的占卜方式,叫作"观落阴"。通灵的人可以带问卜者走入阴间,找寻一棵代表自己生命的"本命花"。

看到这一株花的状态,就可知道自己的生命路是否安宁,如果本命花状态不佳,问卜者就得灌水施肥,好好整理一番,方可离去。

朋友是台湾大学心理治疗的教授,她觉得这种问卜,其实也是一种心理治疗,而且让受困扰的人为自己的本命尽一分力,其过程比空谈更为积极。

于是我异想天开,策划一种新奇的心理治疗方式。

治疗人长发挽成一个大结,用两枝木簪插紧,古老的大襟衣裳,深色的花边因为日月的消磨而显得更为陈旧。

她坐在一张磨得平滑的木矮凳上,面前放着一只大木盆,木色深厚得好像没有边际,里面盛着一盆黑沉沉的水。

前面坐着一个高瘦的男人,正在诉说自己一宗又一宗的不幸。眼睛被生活的压力迫得日月无光,不用说,也知道他的本命花一定状态不佳。他根本找不到自己的花朵。

他屏着气向灵水寻去,本来墨黑的水色就现出各种色彩。

治疗人问："你看到什么？"

男人答："我看到一簇簇鲜红的牡丹！"

治疗人又问："那是你的花吗？"

男人茫然摇头："不是我的！"

再找一回，治疗人又问："你看到什么？"

男人答："我看到一片万紫千红。"

治疗人问："有你的花吗？"

男人又再茫然摇头。眼前一浪浪浮光幻影，木盆展耀着一个色彩缤纷的大千世界，就是没有属于他的花朵！

两界茫茫，男人愈找愈气馁，他想，怪不得自己的际遇如此不堪，原来连自己生命的花儿都不见了！

再找，再找！终于在荆棘丛中，男人看到一棵秃树，叶子都落掉了，只剩下几丫枯枝，他立即认得那是自己的本命花，甚至看到自己的上司与妻儿，像一群雀鸟般把它最后一片叶子啄走。

男人看着自己受尽折磨的树身，悲从中来，像婴儿一般地喘泣。哭声由细至大，由无声变成一种呐喊，叫得天崩地裂！

他哭了很久、很久，眼泪滚在枯树上，竟然洗掉枝丫上的蜘蛛网，他细心地观察树干，发觉在枯枝中，还有一根茎干没有完全死去，枯黄中怀有一分绿意。男人于是努力地向四周环境探索，拔走围在树旁的荆棘，为秃树掘出一条水道。

他又取出剪刀，细心地剪走枯枝，经过一番剪裁，男人的本命花只剩下一根树干，但是那是一根将会生根长叶的生命树。

做足了护理工作，男人终于怀着新希望离去！

下一位来访寻生命之花的是一位妇人，与男人一样，也是满面倦容，她说她本来有个温暖的家庭,有幸福的婚姻,有可爱的儿女,但是丈夫因病去世,儿女愈来愈难以管教,她的哀伤,把她吞食得支离破碎。她的本命花,只剩下半片叶子,浮沉在大海中,再也认不出本来面貌。

妇人珍惜地拾起那半片残叶,把它放在自己掌心,又爱怜地把它贴在自己的面颊上,用自己的体温把叶子烘暖。她默默地流泪,把半生的悲哀化成雨露。

她温柔地对叶子说:我可怜的本命花,你怎么被摧残得如此不成形,我怎么没有好好地照顾你!

她决心要把叶子重新栽培,她知道,有很多草木,只要小心扶植,半片叶子也可以生根。

再来的是一位青年人,他的本命花是一朵水仙,清丽无瑕,本来长得很茂盛,问题是花儿的四周,是个烟雾弥漫的水泽,水仙无法接受这个环境,却又无法脱身。

青年人惆怅了很久,他不知道怎样去处置这朵生不逢地的花儿。是否要让它适应,还是要把它移植?

来访寻生命花朵的还有一位老妪,她想看看自己的本命花有多枯老、有多寂寞,是否到了尽头的时候?

又有一个小男孩,他不肯上学,他的导师、社工、心理专家、家人,都赶来寻找男孩的本命花,看看它是怎样的一种状况。

一大群人,往水盆中望去,用手在水中打捞,激起一圈又一圈涟漪,就是没有花朵!

他们终于发现,只有男孩自己才会看到自己的生命之花,而男孩却站在一旁抿着嘴笑。在众人忙碌中,他其实一早就看到木盆内的一株小含羞草,依恋在母亲的树干上,那是一个十分舒服的环境,它哪儿也不想去。

又有一对不停吵闹的夫妇,他们在木盆中看到两棵长满刺的仙人掌,互相扭在一起,拼命用刺插入对方。

这形象,让本来自由恋爱的男女吃了一惊,他们不知道什么时候自己身上长满刺芒。为何一定要与最亲近的人拼个你死我活?

也有一个孤独的少女,看到自己的本命花变成一棵水晶花朵,虽然是光芒四射,但不再是活的花。

有人看到自己是一枝天堂鸟,在黑暗中放着光芒;有人看到自己是一朵被修剪得毫无棱角的玫瑰;有人看到自己是出污泥而不染的水莲,又有人看到自己是需要衬托别人的绿叶……

其实不用木盆中的弱水三千,你只要合上眼睛,用心去访寻你的本命花,你也自会看到那一株象征你现况的草木。找到了,就要好好地观察,细心聆听,为它除虫,给它养料。这一棵花你不好好照料,谁也照顾不了。

治疗者也看到自己像一枝向日葵,负着过重的头,于是赶忙给花朵灌水、施肥。

与 爸 爸 放 风 筝 去

这个男孩子十二岁，理个平头装，方口方面，应该是个活泼的年龄，可是他皱着眉心，满怀心事的样子，一副愁眉苦脸。

他的父母亲都是医生，母亲出差去了，只有父亲带他来。

这是我在上海做家庭治疗示范所会见的一宗个案。

父亲说，儿子从小患有心漏症，家人需要对他加倍照顾。孩子经医治后已经完全康复，但是跟很多习惯于护理病弱孩子的父母一样，孩子虽然康复，父母却仍然放心不下。

这位父亲形容自己与妻子费尽心思，不断为儿子打气，但是孩子总是没精打采，无法专心。他说这是他的最大忧虑！

基于本身的专业训练，父亲十分详尽地为我解释儿子的问题，他说："儿子好的地方不用说，我只希望清楚地指出他的毛病。"

我问男孩："你听过父亲说你的优点吗？"

他轻轻地摇头。

父亲答："好的地方是他的观察力强，对人际关系的理解很深……"

我心想，这孩子如果真的如父亲形容那样不能专心，就没有可能观察力强。但这毕竟是一个我不熟悉的中国家庭，我决定还是多作观察为妙。

我开始问男孩一些个人资料,男孩问一答一,声音低得传不入耳,父亲听得十分着急,不停地纠正他的姿势,补充他的话语。这是一位热爱孩子的父亲,只是他不知道,他的关心会夺去儿子需要拥有的自我学习空间。

我请男孩为我报道一下他每日的活动。他说早上六时半起床,上课、下课、做功课、往补习社、回家吃饭,又再做功课,晚上十时才上床睡觉。

我问他:"你有玩的时间吗?"

他摇摇头,说:"没有!连星期六、日都要学习语文。"

我说:"怪不得你看来那么忧郁,原来你是个完全没玩的孩子。没有玩的时间,当然也很难结交同龄的朋友。"

原来这男孩每周只有半天可以自由活动,他说多数去图书馆或独个儿看电影去。

我说:"那么,你不是一个不专心的孩子,你是一个生活得太呆板的孩子!"

我问父亲:"你是医生,一定知道玩对孩子是很重要的,你跟你太太爱玩吗?"

男人摇头,他不单现时不会玩,童年时也没有玩过,他说:"我一辈子都不知道玩是怎么一回事,连与太太谈恋爱时,谈的也是工作!"

男孩子听了我们的对话,突然主动地加入说:"上一回风筝比赛,我很想参加,可是爸爸说读书更重要,我只好放弃风筝!"

他又说:"每次与爸爸争论,我总是输的!"

我笑说:"噢!那不成,在你这个年龄,不能老是当输家!"

我问他父亲:"你可以让儿子有赢的机会吗?"

这是一位明智的父亲,只是他自己的生活与信念,一直都是受着另一个大气候的支配与安排。他与妻子的时间全部都是留给病人,他工作的单位离家较近,因此他要负责每天回家煮饭的差使,晚饭是他们一家三口唯一相聚的时间,饭后又是电话响个不停,都是与工作有关的问题。

男孩说:"妈妈常常都会花几个小时与人讲电话!"

这是上一代知识分子的悲哀,他们任劳任怨,工作是他们的一切,在他们的辞典中,绝对没有"玩耍"这一个名词。他们自己长大的是一个充满动荡的年代,好不容易为人父母,而他们的下一代,面对的又是一个簇新的社会,一个在改变快得连他们活在其中都掌握不了的新时代。这位在那个年代长大的父亲,现在最担心的是怎样防止儿子去打游戏机。

我对父亲说:"我相信我明白你的苦心,只是你的儿子将来要应付的是一个你不再熟悉的社会状况,如果他继续这样依附着你,以你的意见为意见,他将来不会有能力处理外面世界所带给他的压力。"

父亲问:"那我该怎样办?"

我说:"我也不知道,只是我有一个奇想,我很想看到你与你的儿子一起放风筝去!"

男孩喜上眉梢,第一次见他忧伤的面孔露出笑容。其实孩子的父亲已筋疲力尽,如果能够放弃这份督导儿子做功课不讨好的工作,专心做父亲,对父子两人都是一个新开始。

我因为要见另一个家庭,提议他们到校园去作一次父子倾谈,看看怎样改善他们的相处状况。

回来时,那父亲对我说:"我儿子对我说,这位专家很明白孩子的心态!"

我笑说:"我了解他的心态没有用,要父亲了解才成!"

临别，我与孩子握手说："我希望有一天，当你成为父亲的时候，你会这样对你的孩子说：'我童年时，有一个早晨，我与爸爸到外滩放风筝去，那是我最快乐的一天……'"

然而，望着男孩父亲那万分疲倦的样子，我忍不住说："但是，那也可以是最沉闷的半天！一切要看你们而定！"

我希望，他们会为自己制造未来的美好回忆。对于一个有五千年历史的民族而言，半天的时光当然微不足道，但是对于这个背负着太多社会压力与亲人期望的男孩来说，那将会是他成长过程中一个重要的里程。